ARMORIAL GÉNÉRAL

DE

L'ANJOU

D'APRÈS

LES TITRES ET LES MANUSCRITS DE LA BIBLIOTHÈQUE NATIONALE,
ET DES BIBLIOTHÈQUES D'ANGERS, D'ORLÉANS, ETC.
LES MONUMENTS ANCIENS,
LES TABLEAUX, LES TOMBEAUX, LES VITRAUX, LES SCEAUX,
LES MÉDAILLES, LES ARCHIVES, ETC.

PAR

M. JOSEPH DENAIS

OFFICIER D'ACADÉMIE,

Chevalier de l'ordre pontifical de Saint-Grégoire-le-Grand,
Membre de la Commission Archéologique de Maine-et-Loire, de la Société des Antiquaires de l'Ouest,
des Antiquaires de Normandie, des Sociétés historiques et archéologiques du Maine,
de Touraine, du Limousin, etc.

───〜〽〱〜───

NEUVIÈME FASCICULE

───◈⋙❖⋘◈───

ANGERS

GERMAIN ET G. GRASSIN, IMPRIMEURS-LIBRAIRES

RUE SAINT-LAUD.

──

1881

L'auteur de l'Armorial *voudrait avant tout faire une œuvre conscieucieuse, exempte, s'il était possible, d'omissions et d'erreurs.* Il s'adresse à toutes les familles qui ont le droit de voir figurer leur nom dans cette publication, à tous les amis de l'histoire et de l'archéologie de notre province, les priant instamment de lui envoyer le plus tôt possible les renseignements, — et, s'il y a lieu, les rectifications, — qu'ils pourraient lui fournir et qu'il recevra toujours avec gratitude.

J. D

Grulinière (de la).

V. Neau.

Gruter (de) de la Contrie.

D'argent à deux écussons de gueules rangés en fasce.

D'Hozier, mss., p. 149.

Guaisdon de la Bizollière, — des Forges, — du Bois-Robert, — de la Pommeraye ; — dont Pierre, taxé quatre écus pour la rançon du roi Jean, en 1360, entre les nobles de la chastellenie de Montjean et deux chevaliers de Malte ; Hurbin, abbé du Perray-Neuf en 1600.

De gueules à trois chevrons d'argent.

Mss. 995, p. 104. — Armorial mss. de 1608, p. 28. — Gohory, mss. 972, p. 63. — Audouys, mss. 994, p. 79. — Gencien, mss. 996, p. 41. — Roger, mss. 995, p. 19, — V. Guédon.

Guaisnaudière (de la).

V. de Melay. — de la Guénaudière.

Guast (du).

V. du Gast.

Guay (du).

V. de la Gasnerie. — du Gué.

Gué (du).

D'argent à la croix dentelée de sable.

Mss. 993. — V. Deniau. — Du Bois-Béranger. — de la Gasnerie.

Guédon.

De gueules à un sautoir d'argent.

D'Hozier, mss., p. 949. — V. Guaisdon.

Guédonnière (de la).

V. Pamart.

Gueffront (de) de Beauregard, — de la Forge.

D'argent au lion de gueules traversant une branche de sinople chargée de cinq pommes de pin, trois en chef et deux en pointe.
Mss. 439.

Guéhairie (de la).

V. Mauviel.

Guéhery.

D'azur au chevron d'argent accompagné de trois étoiles de même.
Cauvin.

Gueldres (de).

D'or et d'azur à deux lions affrontés d'or et de sable, celui d'or couronné de même, armé, lampassé de gueules, et celui de sable couronné, armé et lampassé de gueules.
Mss. 995, p. 56.

Guemené (de).

V. de Rohan.

Guénaud.

D'or à trois fusées et deux demies de gueules.
Mss. 995, p. 57.

Guénaudière (de la).

V. de Chivré. — de Melay.

Guénerie (de la).

V. de Quinemont.

Guenier.

D'argent à une aigle de sable.

D'Hozier, mss., p. 1216.

Gueniveau de Forget.

D'azur à un chevron d'or chargé d'un croissant de gueules.

D'Hozier, mss., p. 884.

Gueniveau ; — dont Jean, président en l'élection de Montreuil-Bellay en 1698.

D'argent à trois fasces de sable et un lion de gueules brochant sur le tout.

D'Hozier, mss. 1140.

Gueniveau de la Raie ; — dont Jean, conseiller général de Maine-et-Loire, mort en 1834.

D'or à la fasce danchée de gueules, accompagnée en chef de trois croix pattées de même, et en pointe de trois losanges aussi de gueules.

Sceau.

Gueniveau de la Loitière ; — dont Joseph, assesseur criminel à la sénéchaussée de Saumur en 1698.

D'argent à cinq tourteaux d'azur, posés deux, deux et un.

D'Hozier, mss., p. 1007.

D'argent à trois fasces de sable et un lion de gueules brochant sur le tout.

D'Hozier, mss., p. 1140.
Sceau.

Guepière (de la).

V. Beaumont. — de Gennes.

Guépeneux (de).

V. de Hallot.

Guerchais (de) de Fontenay, — de Combrée.

D'argent au lion de sable couronné d'or, armé et lampassé de même, le chef de gueules.

Mss. 703.

Guerchan ; — dont un chapelain de Notre-Dame de Nantilly, à Saumur, en 1698.

D'azur à trois fasces vivrées d'argent.

D'Hozier, mss., p. 998.

Guerche (de la) de Pouancé, — de Saint-Amant, — de Rigné ; — dont six évêques de Rennes, un de Saint-Brieuc ; Hay, fondateur du Prieuré de la Madelaine de Pouancé, en 1094, chancelier de Bretagne, mort en 1096 ; et Guillaume, fondateur du prieuré de la Primaudière, ordre de Grammont, en 1207.

De gueules à deux léopards d'or posés l'un sur l'autre.

Audouys, mss. 994, p. 83. — Mss. 995, p. 78. — Un Sceau donne : *six léopards d'or, posés deux, deux et deux...* — Roger, mss. 995, p. 5, le mss. 995, p. 60, Gencien, mss. 996, p. 55, renversent les émaux. — Audouys, mss. 994, p. 131. et le mss. 703, disent : *de gueules à deux léopards d'argent...* — V. Licquet. — Poulain. — de Beaumont. — Lanier. — Petit. — de la Jumellière. — de Villequier. — du Guesclin. — de Maillé. — Malestroit.

Guérif ; — dont Antoine, greffier au grenier à sel de Saint-Florent-le-Vieil en 1698.

D'azur à un chevron d'or et un chef cousu de gueules chargé de trois croissants d'argent.

D'Hozier, mss., p. 519.

Guérif de Villegrand.

D'argent à trois feuilles de houx de sinople posées deux et une.

Audouys, mss. 994, p. 88.

Guérin.

D'or à la bande de gueules.

Mss. 995, p. 78. — V. Guerrin.

Guérin de la Roussardière, — de la Gendronnière, — de la Draperie, — de Chavé ou Chavet ; — dont René, conseiller du roi en la maison de ville de Châteaugontier, en 1698.

De gueules au chevron d'argent accompagné de trois écorces d'arbres d'or posées en pal, deux en chef et une en pointe.

D'Hozier, mss., p. 420. — Le même, p. 1208, donne à René : *D'argent à une fasce de sable accompagnée de trois molettes de même.* — Un sceau du XVIII° siècle porte : *le champ d'argent et le chevron d'azur.*

Gilles Guérin, prêtre en 1698, portait :

D'argent au chevron de gueules et un chef d'azur chargé de trois croissants d'argent.

D'Hozier, mss., p. 123.

Marie Guérin, à Angers en 1698, portait :

D'azur à trois têtes de léopard d'or, posées deux et une.

D'Hozier, mss., p. 947.

Guy Guérin, prieur du prieuré du Jaunay en 1698, portait :

D'azur à trois chevrons d'or.

D'Hozier, mss, p. 947.

René Guérin, conseiller du roi, assesseur en la maison de ville de Châteaugontier, en 1698, portait :

D'azur à deux épées d'argent posées en sautoir.

D'Hozier, mss., p. 420.

Jean Guérin, chanoine de Nantilly de Saumur, en 1700, portait :

De sable à trois poissons d'or posés en fasce.

D'Hozier, mss., p. 1002.

Un Guérin, conseiller au présidial, portait :

D'azur à un lion d'argent.

Sceau. — Bulletin de Soland, 1868, p. 33.

Guérin de la Guimonnière.

D'azur à un chevron d'or accompagné en pointe d'une croisette d'argent et un chef cousu de gueules chargé de trois croissants d'argent.

D'Hozier, mss., p. 578.

Guérin de la Ferrière.

Écartelé au premier d'or au chêne de pourpre ; aux deux et trois d'argent à la merlette de sable ; au quatrième d'or à l'étoile d'azur.

Mss. 993.

Guérin de Poisieux ou Poilieux, — de Gastevin ou Gastines, — de la Pointe, — de Faverol, — de Bonnac, — du Puy-d'Azay.

D'azur au sautoir dentelé d'or accompagné de quatre bustes de femme au naturel, les cheveux d'or.

Audouys, mss. 994, p. 85. — Carré de Busserolle.

Guérin de Cissé, — de Laval, — de Puyan, — de Saulx, — de Chantepie, — d'Arcambourg, — de Poisieux.

D'or à trois lionceaux de sable posés deux et un, armés, lampassés et couronnés de gueules.

Audouys, mss. 994, p. 84. — Le mss. 995, p. 79, dit : *armés et couronnés d'or...*, et Gencien, mss. 996, p. 40, dit : *armés et couronnés d'argent...*

Guérin du Grand-Launay, — de la Boulaie, — de la Forêterie, — de la Piverdière, — de la Picaudière ; — dont Joseph, jurisconsulte, échevin d'Angers en 1729.

Autrefois :

De gueules au lion d'argent.

Maintenant :

D'azur à un croissant montant d'argent accompagné à dextre d'une épée haute de même, et à senestre d'une palme aussi d'argent, qui est Bault de Beaumont, chargé en cœur d'un *écu de gueules au lion d'argent,* qui est Guérin du Grand Launay.

Sceau.

Guérin de Fontaines.

V. de Fontaines-Guérin.

Guérineau.

Denis, assesseur honoraire à la sénéchaussée de Saumur en 1698, portait :

De gueules à trois tours d'or.

D'Hozier, mss., p. 1008.

Guérineau de la Flonnière.

D'azur à trois étoiles d'or posées deux et une.

D'Hozier, mss., p. 92.

Guérinière (de la).

V. Fournier. — Garnier. — de Vaugirault. — de la Joyère. — Binet. — de Cumont. — de Hillerin.

Gueritaude (de la).

V. Quirit. — de Maillé.

Guermange.

De gueules à un crochet d'or.

Gencien, mss. 996, p. 36.

Gueroulerie (de la) ou Gueroullière.

V. Oger. — Ogier.

Guerrais (de la).

V. Ferré.

Guerre (de la).

V. Pentin.

Guerrier des Monseaux.

De gueules à trois épées d'argent rangées en fasce.

D'Hozier, mss., p. 1260.

Guerrin (de) de Villiers-Rozières, — de Rocheux, — de Chaussepot, — de la Roncière, — de Villeneuve, — de la Barre-Conflans, — des Hayes, — de la Massonnière, — du Domaine, — des Minages, — des Champarts, — de Sirbouin; — dont un grand maître de Saint-Jean de Jérusalem, 1240 à 1245; Michel-Léonard, brigadier des armées du roi, 1680; Charles-François, député de la noblesse aux États-Généraux de 1789; Charles-Armand, lieutenant au régiment de Vermandois, 1775, officier supérieur, chevalier de Saint-Louis, mort en 1828.

Coupé : au premier d'azur à un soleil d'or, au deuxième de gueules à trois molettes d'éperon d'argent posées en fasce.

Devise : *Virtute Deo.*

Armorial général Orléanais. — Abbé de Vertot : Histoire des chevaliers hospitaliers de Saint-Jean de Jérusalem, tome I, p. 365. — La Chesnaye-Desbois, tome VII, p. 511. — Moreri, p. 428. — Rigord. — Guillaume Le Breton, etc. — Sculpt. du baptistère de Murano, xvie siècle, figurant dans le catalogue de l'Exposition artistique d'Angers, 1868. — D. P.

Guery de Beauregard, — de Saint-Aubin ; — dont quatre conseillers au Parlement de Bretagne, deux aux requêtes et deux aux enquêtes en 1607, 1643, 1682, et 17..

D'azur à deux épées d'argent, gardées d'or, le chef d'argent.

Sceau. — Le mss. 703 dit : *trois roses de gueules en chef...*

Guerye (de la).

V. Pierres.

Guesavre (de la).

V. de Mauviel.

Guesclin (du) de Beaucé, — de l'Escoublère, — de la Guerche, — de Pouancé ; — dont Bertrand, connétable de France et de Castille ; et Olivier, connétable de Castille au xive siècle ; René, commandant l'escadron de soixante gentilshommes d'Anjou, 1714 ; Bertrand-Michel, brigadier des armées du roi, né en 1743.

D'argent à une aigle à deux têtes de sable, becquée et membrée de gueules.

D'Hozier, mss., pp. 420, 356. — Mss. 993. — Mss. 439. — Audouys, mss. 994, p. 76. — L'abbé Goyet. — V. d'Orange.

Les cadets brisaient *d'un bâton de même posé en bande brochant sur le tout.*

Guesdon d'Armaillé, — de la Bizollière, — de la Riottière, — de la Petite-Orchère, — de la Saulaye, — du Haut-Plessis ; — dont Julien, écrivain et poète du xvie siècle.

D'argent à trois chevrons de gueules.

Audouys, mss. 994, p. 89.

Guesle (de la) François, cardinal archevêque de Tours en 1597.

D'or à un chevron de gueules accompagné de trois huchets de sable virolés d'argent et enguichés de gueules.

Carré de Busserolle, p. 446.

Guesnay (de).

V. de Ghaisne.

Guesnerie (de la).

V. Charbonnier.

Guespière (de la).

V. de Gennes. — Beaumont.

Guette (de la) de Chazé-Henry ; — dont Pierre, avocat au présidial, commentateur de la Coutume d'Anjou, président au Parlement de Bretagne ; Julien, aumônier du roi en 1595.

D'azur à la fasce d'or accompagnée de trois étoiles de même.

Mss. 993. — Audouys, mss. 994, pp. 88, 103. — Gohory, mss. 972, p. 113.

Gueussant (du).

V. de Vaugirault.

Guiard.

D'or à un chêne de sinople.

D'Hozier, mss., p. 898. — V. Guyard. — Guillard.

Guiberderie (de la).

V. Beuvron. — Lefebvre.

Guiberdière (de la).

V. Marveilleau. — Lefebvre. — Blandin.

Guibert, Joseph-Hippolyte, de la congrégation des oblats de Marie, archevêque de Tours, 1857-1871, depuis cardinal, archevêque de Paris.

D'azur à un mouton et un lion affrontés d'argent couchés sur une terrasse de sable, accompagnés en pointe des lettres de sable O.M.J. (Oblatus Mariæ Immaculatæ), et surmontés d'une croix de Passion d'argent plantée sur une terrasse de sable et chargée en sautoir d'une lance à la hampe de sable et au fer d'argent et d'un roseau garni d'une éponge de sable.

Couronne ducale surmontée d'une croix archiépiscopale d'or.

Devises : au haut de l'écu, *Pauperes evangelizantur*, et au-dessous de l'écu, *Suaviter et fortiter.*

Sceaux et Imprimés officiels.

Guibert.

De sable au lion d'or, armé et lampassé de gueules ou d'argent.
Audouys, mss. 994, p. 79.

De sinople à un chevron d'or.
D'Hozier, mss., p. 1012. — V. du Vau. — de Fontenelles.

Guibert du Vau.

D'argent à six fleurs de lis d'azur posées trois, deux et une.
Audouys, mss. 994, p. 80.

Guibertière (de).

V. Leroux.

Guibourchère (de la).

V. Raoul.

Guibourgère (de la).

V. Camus.

Guichardière (de la).

V. Royrand. — de Soussay. — du Bouchet.

Guichon.

D'azur à une bande d'argent accostée de deux croissants de même.
D'Hozier, mss., p. 1030.

Güidoire (de la).

V. de la Cheverue.

Guiet.

D'azur à la fasce d'argent chargée de cinq merlettes accompagnées d'un croissant d'or en chef et d'une étoile aussi d'or en pointe.
Mss. 995, p. 57. — V. Guyet.

Guiffeu (de).

V. Brehier.

Guignardière (de la).

V. Belœuvre. — Le Guay.

Guignonnière (de la).

V. des Hommeaux.

Guigou de la Chaud.

D'or à la fasce de gueules accompagnée de trois étoiles de...
Sceau, xviii° siècle.

Guilhe la Combe, — de Villers ; — dont Henri, sous-préfet de Segré en 1877.

D'azur au chevron d'or accompagné de trois billettes d'argent, au chef d'argent chargé de trois molettes d'éperon de gueules.

Sceau. — Armoriaux de Bretagne.

Guillard de la Guillardière.

D'azur à une montagne d'or.

D'Hozier, mss., p. 307. — V. Guiard.

Guillardière (de la).

V. Guillard.

Guillatière (de la).

V. Hulin.

Guillaumière (de la) de la Mosselière, — du Verger.

D'argent à la bande de gueules bordée d'azur accompagnée en chef et en pointe d'une étoile d'azur.

Généalogie mss. des de Quatrebarbes.

Guillemot de la Villebiot, — de la Fresnaye, — de Kersaliou, — de la Guerinais, — de Vauvert, — de Houssemaine, — du Plessis ; — dont Geoffroy, écuyer de la retenue d'Olivier de Clisson, de 1376 à 1380 ; un capitaine garde-côtes, au combat de Saint-Gast en 1758.

D'azur à un lion couronné d'or, accompagné de trois molettes de même.

De Courcy, Arm. de Bretagne, p. 404. — V. Guilmot.

Guilleron (de).

V. Eslys.

Guilletière (de la).

V. de Preseau.

Guillière (de la) ou Guiltière.

V. Grugelin.

Guillochonnière (de la).

V. de Chivré.

Guillon.

Losangé d'or et d'azur.

D'Hozier, mss. p. 992.

D'argent à deux bandes d'azur.

D'Hozier, mss., p. 996.

Guillonnière (de la).

V. Cuissart. — Le Large.

Guillopé (Guillaume), abbé de Saint-Georges-sur-Loire en 1389.

Guillot (de) de Douce.

D'argent au chevron de gueules et une fasce d'or brochante sur le tout accompagnée d'un croissant montant de gueules en pointe.

Gohory, mss. 972, p. 96. — Audouys, mss. 994, p. 87. — Gencien, mss. 996, p. 42.

Guillot (de) du Doussay.

D'argent à une fasce d'azur.

D'Hozier, mss., p. 179.

Guillot (de) de la Bessonnaye.

De gueules à un chevron d'or accompagné en pointe d'un lion de même.

D'Hozier, mss., p. 924.

Guillot de la Potterie, — de Loupendu.

D'argent à une fasce de gueules accompagnée de trois aigles de sable le vol abaissé deux en chef et une en pointe.

D'Hozier, mss., p. 794. — Carré de Busserolle.

Guilloteau de Grandeffe, — de Villedieu; — dont Thomas, écuyer de Du Guesclin en 1370; Pierre, prieur de Saint-Laon de Thouars; Regnault, qui combattait en Roussillon en 1425 avec des hommes d'armes d'Anjou; un capitaine, chevalier de Saint-Louis.

D'azur à une aigle à deux têtes d'or couronnée de même.

D. P. — D'Hozier, mss., p. 429.

Guillotière (de la).

V. Fleuriot.

Guillotin du Bignon; dont un lieutenant des eaux et forêts à Angers en 1774, et un officier commandant du Palais-Royal sous Louis-Philippe.

D'azur à un vol abaissé et posé en fasce d'argent, accompagné de trois étoiles d'or deux en chef et une en pointe.

D'Hozier, mss., p. 88.

Guillou.

D'argent au chef de gueules chargé d'un lambel de trois pendants d'argent.

Mss. 993.

Guilmot de Luzigné.

D'argent à un chevron d'azur accompagné en chef de deux crois-sants de même et en pointe d'une aigle de sable.

D'Hozier, mss., p. 575. — V. Guillemot.

Guiltière (de la).

V. Petiteau.

Guimonnière (de la).

V. de Montours. — Guérin.

Guinaise (de la).

V. Thoaynon.

Guinardière (de la).

V. des Aubiers. — de Bréon.

Guinefolle (de).

V. de Portebise.

Guinemore (de la) de Soulaire.

De sable à trois croix pattées d'argent posées deux et une.

Audouys, mss. 994, p. 83. — Gencien, mss. 996, p. 41. — Mss. 995, p. 116.

Guingo (du).

V. Ferron.

Guinoiseau du Boulay, — de Bois-Marie, — de la Sauvagère (?); — dont un sénéchal de Beaufort au XVIIIe siècle.

D'azur à trois colonnes d'or rangées en pal.
D'Hozier, mss., p. 554.

D'azur à une croix d'argent pommetée d'or cantonnée de quatre roses d'argent.
D'Hozier, mss., p. 327.

Guinoseau.

D'or à une bande de sable.

D'Hozier, mss., p. 1131.

Guinosseau.

De gueules à un cygne d'argent.
D'Hozier, mss., p. 891.

D'argent à un chevron d'azur accompagné de trois cœurs de gueules.
D'Hozier, mss., p. 950.

Guioché du Puy-Rangeard, — de Cernusson.

De sinople à une bande d'or chargée de trois coquilles de sable.

D'Hozier, mss., p. 1138.

Guiot de la Feraudière.

D'or à trois perroquets de sinople becqués et membrés de gueules, posés deux et un.

Cauvin, p. 113.

Guiottières (des).

V. de Maillet.

Guiprouère (de la).

De sable à trois croix pattées d'argent posées deux et une.

Audouys, mss. 994, p. 82.

Guise (de).

V. de Rohan.

Guissetière (de la).

V. Gaultier.

Guitaut (de).

V. de Comminges.

Guiteau.

De sable à deux faux d'argent accompagnées de trois coquilles d'or, une en chef, une en cœur et l'autre en pointe.

D'Hozier, mss., p. 1396. — V. Guitteau.

Guitière (de la).

V. de Grugelin.

Guitoisière (de la).

V. Louet.

Guitteau.

D'azur à une guitare d'or.

D'Hozier, mss., p. 1261. — V. Guiteau.

Guitteau du Lathay, — de Baunes, — de Leffrière, — de Cossé.

D'azur au sautoir d'or accompagné en chef de deux soleils d'argent en pointe d'une aiglette d'or.

Sculpt., tombeau de Mme de Bonchamps.

Guittonnière (de la).

V. Rattier. — Chupin.

Guffière.

De sable au lion d'or.

Mss. 995, p. 58.

Gurelière (de la).

V. Lenfant.

Gury ou Gurie du Mas, — de la Tremblaye, — de Beauvais, — des Roches-Chapelain ; — dont un commandant pour le service du roi dans la ville et château de Saumur en 1698.

D'argent à trois chevrons d'azur.

Audouys, mss. 994, p. 88. — Sculp. xviie siècle, chapelle des Roches-Chapelain. — D'Hozier, mss., p. 180.

Guy.

De sinople à une guitare d'or et un chef d'argent chargé de trois roses de gueules.

D'Hozier, mss., p. 1337.

Guyard (de) du Tremblay, — de la Plesse, — du Brossay.

D'argent à trois chefs de lion de sable, lampassés et couronnés de gueules.

Gohory, mss. 972, p. 8. — Armorial mss. de 1608, p. 28. — Roger, mss. 995, pp. 8, 14. — Audouys, mss. 994, p. 80. — Gencien, mss. 996, p. 41.

Guyardière (de la).

V. d'Anjou. — Amyot.

Guyet.

D'azur à une aiguière d'argent.

D'Hozier, mss., p. 1278. — V. Guiet.

Guyet de la Rablaye, — de la Gravière, — de la Forest; — dont René, maire d'Angers en 1550.

Écartelé aux un et quatre d'or à trois hures de sanglier arrachées de sable allumées d'argent, aux défenses de même posées deux et une, aux deux et trois d'argent au lion de gueules.

Gohory, mss. 972, p. 151. — Gencien, mss. 996, p. 4. — Mss. 993. — Audouys, mss. 994, p. 78, dit : *trois têtes de loup de sable*, au lieu de *trois hures de sanglier...* — M. de Busserolle attribue aux Guyet de la Gravière et de la Forest les armes suivantes :

D'azur à la fasce d'argent chargée de cinq merlettes de sable, accompagnée d'un croissant d'or en chef et d'une étoile de même en pointe.

Guyonnière (de la).

V. du Plantys.

Guyot (de) de Montegu.

D'argent à une fasce de gueules écartelé de gueules à un pal d'argent.

D'Hozier, mss., p. 1512.

Guyot de la Fourerie, — de Cantenay, — de la Teillaye, — de Clefs, — de Pretial, — du Pré-Gaudin.

D'azur à la bande d'argent chargée d'une rose et deux merlettes de gueules, la rose au milieu des deux merlettes; et accompagnée de deux roses de même, une en chef du côté dextre et l'autre en pointe du côté senestre.

Gohory, mss. 972, p. 29. — Armorial mss. de 1608, p. 28. — Roger, mss. 995, p. 15. — Audouys, mss. 994, p. 80.

H

Habert de Montmor.

D'or à l'aigle de sable, écartelé d'azur au heaume d'argent sur le tout d'azur au chevron d'or accompagné de trois anilles de même.

Gohory, mss. 972, p. 118.

Hacant.

Échiqueté d'or et de sable.

D'Hozier, mss., p. 1139.

D'or à une croix pattée de gueules.
D'Hozier, mss., p. 1139.

Hachemière (de la).

V. de Bonnetat.

Hages (de).

V. Cheminard.

Haï (*Oditus*) de Pouancé, — de la Guerche, — des Netumières, — de Boutteville.

De gueules à deux léopards d'argent mis en fasce.

Cartulaire de la Haie-aux-bons-Hommes. — Audouys, mss. 994, p. 131, qui dit : *d'or* au lieu *d'argent*, donne aux Haï, comme nouvelles armes :

De sable au lion morné et mouflé d'argent.

Haie (de la).

D'hermines au cœur de gueules , le chef d'azur chargé de deux sautoirs d'or.

Sceau.

D'argent à une haie d'épines de sable.

D'Hozier, mss., p. 1410. — V. de Chemillé. — Le Bascle. — Berault. — Preseau. — Coustis. — du Boschet. — de Tessé. — du Tour. — Tribouille. — Le Chat. — Barnabé. — Le Coq. — de Ghaisne. — de Cerizay. — de Dieuzaye. — Daniel. — de la Croix. — de la Hunne. — du Bouchet. — des Haies.

Haie (de la) de Passavant , — de Chemillé , — de Brissac, — de Maulévrier, — de Mortagne, — de Beaupréau ; — dont Bertrand, chevalier du croissant en 1449.

D'or à deux fasces de gueules accompagnées de neuf merlettes aussi de gueules posées quatre en chef, deux entre les deux fasces et trois en pointe ou à l'orle de neuf merlettes.

Supports : *Deux griffons coupés d'argent et d'or, la queue retroussée entre les jambes.*

. Cimier : *Une tête de griffon d'or sortant d'un vol banneret des couleurs de l'écu.*

Cri de guerre : *Passavant li melior.*

Gohory, mss. 972, p. 49. — Sceaux de 1280. — Audouys, mss. 994, p. 90. — Mss. 995, p. 72. — Roger, mss. 995, p. 4. — Mss. 703. — Gencien, mss. 996, pp. 45, 77. — Gaignières, Armorial mss., p. 3, dit : *huit merlettes, posées trois, deux et trois...* — Geoffroy, archevêque de Tours, 1313-1323, portait : *d'argent à deux fasces de gueules accompagnées de huit merlettes, posées trois, deux, trois.* — Les mss. 993 et 999 donnent à Bertrand, chevalier du croissant... *deux fasces de pourpre...* et à Jean, son frère, aussi chevalier du croissant :

Fascé d'argent et de sinople de cinq pièces cantonnées de neuf merlettes de gueules et sur le tout, écartelé aux un et quatre d'azur à trois fleurs de lis d'argent posées deux et une, aux deux et trois d'argent à trois fusées de sinople cantonnées de huit tourteaux de même, quatre en chef et quatre en pointe.

Support : *Une aigle éployée à dextre.*

Cimier : *Une tête d'aigle éployée, les ailes couvertes des couleurs de l'écu.*

Haie (de la) de Brissarthe, — de Montgazon, — du Coudray, — du Moulin-Neuf, — de la Sevaudière, — de Longlée, — de la Girardière, — de Lespinay, — de la Génénaudière.

D'argent à trois bandes de sable.

Gohory, mss. 972, p. 12. — Gencien, mss. 996, p. 45. — Mss. 995, p. 113. — Mss. 439. — Roger, mss. 995, p. 14. — Audouys, mss. 994, p. 92, dit que cette maison écartelait de Charnacé. — D'Hozier, mss., pp. 427, 428, donne aux seigneurs du Coudray, de Montgazon... *d'azur* au lieu *d'argent*... Le même, p. 1401, ajoute aux de Montgazon les armes suivantes :

De sable à un soleil d'or accompagné de trois perles d'argent, deux en chef et une en pointe.

Haie (de la ou des **Haies**) de Brion.

D'argent à trois lions de sable posés deux et un.

Audouys, mss. 994., p. 92. — Gaignières, Armorial mss. p. 9. — Roger, mss. 995, p. 19. — Mss. 995, p. 114. — Gencien, mss. 996, pp. 45, 77. — V. d'Harcourt.

Haie (de la) des Hommes.

De sable à quatre besans d'or posés en pairle, celui du milieu chargé d'une étoile de gueules.

D'Hozier, mss., p. 1347.

Haie (de la) de Vantelet.

Parti chevronné et contre-chevronné d'or et de gueules de huit pièces de l'un en l'autre.

Audouys, mss. 994. p. 93. — L'Hist. de Malte dit : *Parti de trois traits chevronnés d'or et de gueules de l'un en l'autre de douze pièces.*

Haie-aux-bons-Hommes (le prieuré de la).

V. ci-dessus Angers, 8°, tome I, page 48, où l'on a imprimé par erreur le mot « religieuses » au lieu de « religieux. »

Haie-Joulain (de la) du Plessis-Macé, — de Savennières, — de Moncontour, — de Clervaux, — de Saultray.

De gueules à la croix tréflée d'hermines.

Généalogie, mss. de Quatrebarbes. — Mss. 993 et 703. — Mss. 995, p. 58. — Gencien, mss. 996, pp. 45, 77. — Sceau. — Cette maison a *écartelé aux deux et trois d'argent à un lion d'azur chargé en cœur d'une fleur de lis d'or.* — V. Beaumont. — de Sainte-Maure.

Haie-Montbault (de la) de Domino, — des Hommes, — de la Séverie, — du Breil-Lambert, — du Coudray, — du Chatelier; — dont Antoine, chevalier de Saint-Lazarre en 1698; et Gilbert, chevalier de Malte en 1700.

D'or à un croissant de gueules accompagné de six étoiles de même, trois en chef et trois en pointe, posées deux et une.

Mss. 439 et 703. — D'Hozier, mss., pp. 320, 334. — Gencien, pp. 42, 77. Audouys, mss. 994, p. 92, intervertissent les émaux. — Roger, mss. 995, p. 9, et Gohory, mss. 972, p. 31, disent :
De sable à un croissant montant d'hermines à six étoiles d'or en orle.

Haies (des); — dont Étienne, notaire royal à La Flèche en 1700.

D'azur à une haie d'épines d'argent.

D'Hozier, mss., p. 1436. — V. de Saint-Goyet. — de Sanglier. — Thiery. — de Sacé. — de Rougebec. — de Brye.

Haies (des) de Cric ou de Cry, — de la Boissière, — du Ponceau, — de Fontenelles, — de la Perine, — de Côme, — de Plessis de Côme, — de Beaurepos, — de Chandolan, — de la Chauvière; — dont Philippe, major du régiment d'infanterie du Berry en 1699.

Parti d'argent et de gueules, à trois annelets, deux en chef et un en pointe de l'un en l'autre.

D'Hozier, mss., pp. 340, 427. — Mss. 439 et 993. — Audouys, mss. 994, p. 90. — D'Hozier, mss., p. 1411, dit :
De gueules à un créquier d'argent.

Haies-Gasselin (des).

V. Gasselin.

Haies-Rougebec (des).

V. Rougebec.

Haincque de Boissy, — du Rouveray ; — dont Alexandre, contrôleur général des eaux et forêts d'Anjou en 1684.

D'argent à l'ancre de sable en pal accompagné en chef de deux étoiles de gueules.

Carré de Busserolle, p. 456.

Haire (de) ou de Herre ; — dont Claude et Denis-Hyacinte, prieurs commandataires de Saugé-aux-Moines de 1671 à 1700.

D'argent à un chevron de sable accompagné en chef de deux coquilles de même et en pointe d'une étoile de gueules.

D'Hozier, mss., p. 535.

Haissonville (d').

D'or à la croix de gueules frettée d'argent.

Gencien, mss. 996, p. 43.

Halbaudière (de la).

V. du Melay.

Hales (d'), fondatrice de la Papillaie.

D'argent losangé de gueules.

Ballain, mss. 867, p. 312, d'après une statue du xiiie siècle, à l'Eglise de la Papillaie.

Haligre (d').

V. d'Aligre.

Hallay (du).

V. d'Andigné.

Hallé.

D'hermines à une fasce de gueules.

D'Hozier, mss., p. 1001.

Hallerie (de la).

V. Gastinel.

Hallot (de) de Guépéneux; — dont Michel, gouverneur du château d'Angers, 1581.

D'argent à deux fasces de sable et trois annelets de même en chef.

Nobiliaire de Normandie.

Hamardière (de la).

V. Nepveu.

Hameau du Marais; — dont Guillaume, conseiller au présidial d'Angers, 1697.

D'azur au chevron d'or accompagné en chef de deux gerbes aussi d'or liées de même et en pointe d'une molette d'or.

Audouys, mss. 994, p. 93. — D'Hozier, mss., p. 88, dit : *le chevron d'argent...*

Hameaux (des).

V. de Charnières.

Hameleau ; — dont François, docteur en théologie, curé du Pin-en-Mauges en 1693, mort en 1721.

De sable à une aigle d'argent.

D'Hozier, mss., p. 872. — V. Amelot. — Hamelot.

Hamelin.

D'or à cinq étoiles de gueules posées en sautoir.

D'Hozier, p. 1034.

De sable à une meule de moulin d'argent.

D'Hozier, mss., p. 1276.

Hamelin de Vauléart (et, d'après Gohory, des Moulins de Corzé).

D'argent à trois écussons de gueules.

Armorial mss. de Dumesnil, p. 16. — Audouys, mss. 994. p. 95. — Mss. 703.

Hamelin du Boys, — des Moulins de Corzé.

Coupé d'azur et d'or au lion de l'un en l'autre, armé, lampassé et couronné d'or.

Audouys, mss. 994, p. 92. — Gencien, mss. 996, p. 42. — L'Armorial mss. de 1608, p. 29, et Gohory, mss. 972, p. 76, disent : *De... à trois écussons de...*

Hamelin, abbé de Saint-Aubin en 1118, évêque de Rennes.

Hamelin du Haut-Marais.

De gueules à un sautoir d'or.

D'Hozier, mss., p. 1515.

Hamelin de Maré, — de Champrobert.

D'azur au lion de gueules, armé, lampassé et couronné d'or.
Mss. 439.

Hamelinière (de la).

V. de Lancrau. — Pantin.

Hamelot ; — dont Jacques, curé de Noellet, mort
en 1701.

D'azur à trois cœurs d'or posés deux et un.
D'Hozier, mss., p. 898. — V. Hameleau. — Amelot.

Hamon (de) de la Hamonnière ; — dont Marie-Simonne,
abbesse du Perray–aux–Nonains † en 1464.

De gueules à trois haches d'armes d'argent emmanchées de sable.
Audouys, mss. 994, p. 95. — Gencien, mss. 996, p. 45.

Hamon de la Randiette.

Bandé d'argent et de gueules de six pièces.
D'Hozier, mss., p. 1199.
Le même, p. 1199, donne à Pierre, curé d'Azé en 1698 les
armes suivantes :
D'argent à un loup passant de sable.

Hamonière (de la).

V. Le Gay. — Hamon. — de Samson.

Hanequin ; — dont un prieur de la Primaudière
en 1696.

*Vairé d'argent et de gueules à un chef de gueules chargé d'un
lion léopardé d'or.*
D'Hozier, mss., p. 878.

Haran de la Barre, — de la Marée ; — dont Mathurin, Jacques et Charles, conseillers du roi, procureurs aux eaux et forêts de Beaufort, 1713, 1753, 1781.

D'argent à la bande de sable.

Mss. 993. — Généalogie de Gohin.

D'Hozier, mss. p. 1254, donne à Mathieu, conseiller du roi et son procureur en la Grurie de Beaufort en 1700, les armes suivantes :

D'azur à trois harengs d'or posés deux et un.

Une famille Haran de l'Étang, de la Puisonnière et du Puy, en Touraine, portait : *de sable à trois harengs d'or.*

Haran ou Haren de l'Épervière, — de Princé ; — dont plusieurs fourriers et officiers du roi aux XVIe et XVIIe siècles.

D'azur à trois croissants d'or tournés et péris en bande.

Audouys, mss. 994, p. 90. — Mss. 993.

Haranger.

D'or à un lion d'azur, armé, lampassé et couronné de gueules.

Gencien, mss. 996, p. 43.

Harangot ; — dont Fleury, lieutenant de la justice ordinaire de Craon en 1701.

De gueules fretté d'argent.

D'Hozier, mss., p. 1211.

Harangot de la Blairie.

D'azur à deux poissons d'argent passés en sautoir accompagnés de quatre étoiles d'or, une en chef, deux aux flancs et une en pointe.

D'Hozier, mss., p. 538.

Haras (du).

V. Lemasson.

Haraucourt (d') de Brandebourck ; — dont Jacques, bailli de Nancy et de Lorraine, chevalier du croissant en 1464 ; et André, chevalier du croissant en 1448.

D'or à la croix pleine d'azur ou de gueules à un franc quartier d'argent à un lion rampant de sable.

Cimier : *Un serpent issant d'hermines.*

Supports : *Deux ours.*

Trésor héraldique, p. 55. — Mss. 993, 999 et 1051. — Le mss. 703 et Gohory, mss. 972, p. 108, disent :

D'or à la croix de gueules au franc quartier cousu d'argent chargé d'un lion de sable armé et lampassé de gueules.

Harcher ; — dont Jacques, notaire royal à Beaufort ; Claude, avocat, conseiller du roi, lieutenant-criminel et commissaire vérificateur au grenier à sel de Beaufort, 1721 ; J.-B. Louis, lieutenant particulier civil en la sénéchaussée de Beaufort, mort lieutenant-général à Thouars en 1753.

D'azur à trois archets de violon d'argent, le chef de gueules chargé de trois étoiles d'or.

Orfèvrerie, xviiie siècle.

Harcourt (d') de Beuvron, — des Haies, de Brion ; — dont Blanche et Marie, abbesses de Fontevrault, 1391 et 1431 ; Henri de Lorraine, bâtard d'Harcourt, gouverneur d'Anjou, mort en 1666 ; Jean, gouverneur et lieutenant-général en Anjou, Maine et Touraine, 1422-1424.

De gueules à deux fasces d'or.

Supports : *Deux sauvages, alias deux sirènes.*

Devises : *Pour ma défense — Verbis gesta præveniant — Le bon temps viendra — Hinc lumen hinc flumina.*

P. Anselme, p. 427. — Gencien, mss. 996, p. 42. — Audouys, mss. 994, p. 95. — Mss. 995, p. 60. — Roger, mss. 995, p. 5, dit :

Une fasce d'or... — Jean, bâtard, d'Harcourt, sénéchal d'Anjou en 1476, *brisait d'un lambel d'azur besanté d'argent.* — Hist. généal. de la maison d'Harcourt, par Gilles de la Roques, in-fol., tome IV, p. 662.

Hardas (du) de Saint-Loup, — de Fresnay, — de Linte, — de Hauteville, — de Courtignole ; — dont Charles, chevalier de Saint-Louis en 1789.

D'argent à six tourteaux de gueules, posés trois, deux et un.

Audouys, mss. 994, p. 90. — Mss. 439. — D'Hozier, mss., p. 263. — Le même, p. 413, donne à une famille du Hardas de Houssemaine : *D'argent à six tourteaux de sable posés trois, deux et un.* — V. Dolbeau. — du Tertre. — Normand. — de la Roussardière.

Hardière (de la).

V. d'Escoublant. — Chotard. — d'Orillé. — de Piedouault.

Hardouin (de) de la Girouardière, — de Chantenay, — de Sermaises, — de Coudreuse, — de la Feraguère, — de Bois-Bineteau, — de la Ronsardière-en-Cosne, — de Beauvais ; — dont Renée, fondatrice de l'Hôpital des Incurables de Baugé, morte en 1827.

D'argent à la fasce de gueules accompagnée en chef d'un léopard cabré de sable, armé et lampassé de gueules et en pointe de deux quintefeuilles aussi de sable.

Audouys, mss. 994, p. 93 — Mss. 993 et 439. — D'Hozier, mss., p. 348. — Le même, p. 1418, donne à tort, sans doute, aux seigneurs de la Girouardière et de Chantenay, les armes suivantes :

De gueules à une fasce d'or chargée de trois girouettes de sable.

Hardouinnière (de la).

V. Licquet.

Hardy.

De sinople à un coq d'or le pied dextre levé.

D'Hozier, mss., p. 907.

De sable à une fasce d'argent.

D'Hozier, mss., p. 1139.

Harlay (de) de Beaumont, — de Grosbois, — de Dolot, — de Chauvallon.

D'argent à deux pals de sable.

Mss. 993. — P. Anselme, tome VIII.

Harouvey.

D'or à la bande de gueules accostée de neuf billettes de même.

Gencien, mss. 996, p. 43.

Harpedaine ou Harpedane ou Harpedune (de) de Belleville, — de Mirebeau, — de Montaigu.

Gironné de gueules et de vair de douze pièces.

Audouys, mss. 994, p. 92. — Jean de Harpedune, sire de Belleville, seigneur de Montaigu, chevalier du croissant, portait d'après les mss. 993 et 999 :

Gironné d'azur et de vair de douze pièces.

Harrouard (Jean), prêtre, curé de Saint-Léonard de Chemillé en 1695.

De sinople à un cygne d'argent becqué et membré d'or.

D'Hozier, mss., p. 911.

Harvoin (François-Joseph), receveur général des finances de la généralité de Tours en 1782.

De sinople à trois tournesols d'argent posés deux et un.

Carré de Busserolle, p. 463.

Haton de la Mazure.

D'argent à une aigle de sable couronnée de même, accompagnée de trois étoiles, une en chef et deux aux flancs le tout entouré de deux palmes passées en sautoir aussi de sable.

D'Hozier, mss., p. 146.

Haton de la Mazure, — de Goubis, — de la Mothe-Mothereux, — de la Cochinière, — des Noulis, — de la Goupillère.

De gueules à trois fleurs de lis d'argent.

Gohory, mss. 972, p. 26. — Mss. d'Orléans. — Roger, mss. 995, p. 15. — Audouys, mss. 994, p. 90, le mss. 995, p. 96, et Gencien, mss. 996, p. 45, disent :

Écartelé aux un et quatre de gueules à trois fleurs de lis d'or, aux deux et trois de gueules à une croix alaisée d'argent cantonnée de quatorze billettes d'or posées huit en chef et six en pointe.

Haton de Raguin, — de Chazé.

De gueules à trois fleurs de lis d'or.

Mss. 703.

Hataucourt.

D'or à la croix de gueules au franc quartier d'argent, à un lion de sable armé et lampassé de gueules.

Gencien, mss. 996, p. 43.

Haudemond (Jean), prieur, curé de Faye en 1698.

D'azur à une montagne d'argent surmontée d'une aigle d'or.

D'Hozier, mss., p. 865.

Haulme (de).

V. le Commendeur.

Haultoy.

D'argent au lion de gueules, armé, lampassé et couronné d'or.
Gencien, mss. 996. p. 43.

Haures.

V. Gaures.

Haut-Bignon (du).

V. de Saint-Aubin.

Haut-Châtaignier (du).

V. de l'Espine.

Haute-Berge (de la).

V. Bitault.

Haute-Bergère (de la).

V. de Lancrau.

Haute-Bergerie (de la).

V. Poyet.

Haute-Bergière (de la).

V. Cadu.

Hautebert (René), chanoine de Saint-Pierre de Montlimard, en 1699.

D'azur à trois couronnes d'or.
D'Hozier, mss., p. 970.

Haute-Claire (de).

V. Gillier.

Haute-Cour (de la).

V. de l'Hommaye.

Haute-Noë (de la).

V. de Montjean.

Haute-Pierre (de la).

V. de la Barre.

Haut-Plessis (du).

V. Guesdon.

Haute-Porée (de la).

V. Chantelou.

Hauterive (d') de la Chevenière.

D'argent bordé de gueules à deux bandes d'azur.
Mss. 439.

Haute-Rivière (de la).

V. de l'Espinay.

Hauteville (d').

D'argent à la bordure de gueules à un fretté de sable et de gueules,
trois frettés en bande de sable, deux en barre de gueules, les barres
passant sur les bandes.
Mss. 993. — V. du Hardas.

Haut-Pignel (du).

V. Perriers.

Hauts-Marais (des).

V. Hamelin.

Haut-Thierré (du).

V. Léger.

Haut-Tronchay (du).

V. Leroy.

Haut-Verger (du).

V. Dolbeau.

Havard.

D'azur à deux avirons d'or passés en sautoir.
D'Hozier, mss., p. 1340. — V. Havart.

Havard de la Blôtterie, — de Chanteloup, — de la Mayoire, — du Funge alias Châteaugiron, — de la Perrière, — de la Boissardière, — de la Lorendrie, — de la Tourtenay, — de la Barre, — de Macifrotte, — de Bourcany, — de Launay, — des Pâtures; — dont Nicolas, gentilhomme servant du roi; François, Pierre, Louis, lieutenants de la baronnie de Montreuil-Bellay; Louis, sénéchal de Montreuil-Bellay en 1665; Louis, exempt des maréchaux de France et commissaire provincial d'artillerie; un capitoul de Toulouse; un préfet, etc.

De gueules à une ancre d'or, accostée en chef d'un croissant montant et de deux étoiles d'or, et en pointe d'une coquille de même.

Devise : *Oth vinci, oth mori* (sic).

　　　　Estote fortes in bello (depuis 1661, devise de la Marqueraie alliée à cette date).

Cri de guerre : *Haard!*

Supports : *Deux lions dragonnés, lampassés de gueules et couronnés d'or,* avec ces mots : *Angleterre 1331, France 1495.*

Sculpt. à Plante-Caumont, commune de Ranton (Vienne). — Sceau. — D. P.

Havardière (de la).

V. de Conquessac.

Havart.

De gueules à la bande d'or et six coquilles d'argent.

Mss. 995, p. 76, — V. Havard.

Havetallière (de la).

V. Le Royer.

Havré (d').

V. de la Chastre.

Havry (François), curé de Villebernier, en 1700.

De gueules à deux haches d'argent posées en sautoir.

D'Hozier, mss., p. 1031.

Hay.

V. Haï.

Haye (de la) et Hayes (des).

V. de la Haie et des Haies.

Heard de Boissimon, — de Linière-Bouton, — de la Forterie, — de la Roche ; — dont François et René, poètes et écrivains angevins au XVIIᵉ siècle ; un conseiller au présidial d'Angers en 1636 ; Charles, chevalier de Saint-Louis en 1789 ; un chanoine de l'Église d'Angers.

D'azur à un chevron brisé d'argent accompagné en chef de deux étoiles d'or et en pointe d'une larme d'argent.

D'Hozier, mss., pp. 114, 115, 691. — (Sculpt. de la chapelle de l'hosp. Sainte-Marie d'Angers). — Audouys, mss. 994, p. 93, dit : *le chevron brisé d'or...* — D'Hozier, mss., p. 1385, attribue au président du présidial de La Flèche en 1698, membre de cette famille, les armes : *d'azur à un hérisson d'argent.*

Heardière (de la).

V. de Billé.

Hector de Tirepoil, — de la Remonière, — de Versigny, — de Beaubourg, — de Closemont; — dont un prévôt de Paris en 1586; un président au grand Conseil en 1631; un lieutenant-général des armées navales en 1782; un intendant d'Alençon en 1666.

De... au chevron de... accompagné en chef de deux tours de... maçonnées de sable, et en pointe d'un croissant de...

Audouys, mss. 994, p. 93.

D'azur à trois tours rondes crénelées de trois pièces chacune, d'or posées deux en chef et une en pointe.
D'Hozier, mss., p. 323. — Mss. 439. — de Courcy, Armorial de Bretagne, p. 426, ajoute d'après La Chesnaye des Bois : *écartelé d'argent à la bande de sable chargée de trois molettes d'argent.*

Hédouville (d').

V. Testu.

Hée (de la).

V. Hiret.

Hélaud.

V. Hellaud.

Heliand (d') d'Ingrandes, — d'Azé, — de la Barre, — d'Ampoigné, — de la Gravelle, — de Malabry; — dont René, chevalier de Saint-Louis, commandeur de l'ordre de Saint-Lazare en 1789; un secrétaire du roi au XVIe siècle; René, conseiller du roi et premier président au présidial de Châteaugontier, en 1698.

D'or à trois aigles d'azur becquées et onglées de gueules, posées deux et une.

Gencien, mss. 996, p. 37. — Gohory, mss. 972, p. 129. — mss. 439. — Audouys, mss. 994, pp. 93, 69. — D'Hozier, mss.

pp. 424, 439, 675. — Le même, p. 1194, donne aux seigneurs de la Gravelle, les armes suivantes :

D'azur à trois lacs d'argent posés deux et un.

Un sceau du mss. 993 donne à René : *D'azur à trois aigles d'or.*

Helliot (d'), abbesse du Perray-Neuf en 1779.

Hellaud (de) de Vallières ou de Vattière, — de la Beausse, — de Montfolier, — de la Pontonnière, — de la Fosse, — de la Durencerie.

De gueules au griffon d'or.

Armorial mss. de Dumesnil, p. 16. — D'Hozier, mss., p. 119. — Mss. 439. — Audouys, mss. 994, p. 90.

Hellaudière (de la).

V. Minault.

Hemard, de Nonville, — (Charles de), abbé de Saint-Aubin d'Angers, cardinal, évêque de Mâcon, 1536.

Henault.

D'or à trois trèfles de sinople.

D'Hozier, mss., p. 1204.

D'Hozier, mss., p. 1203, donne à Louis, chanoine de Saint-Nicolas de Craon : *D'or à un lion de sinople lampassé et armé de gueules.* — Pierre Henault, curé de Saint-Hilaire de Rillé en 1694, portait d'après d'Hozier, p. 325 :

D'argent à une croix de gueules cantonnée de quatre P. de même.

V. Esnault.

Hennequin.

Vairé d'or et d'azur au chef de gueules chargé d'un lion passant d'argent.

Henu.

De gueules à une bande d'or.

D'Hozier, mss., p. 1202.

Henri II de Plantagenet, d'Anjou, roi d'Angleterre.

V. Comtes d'Anjou, ci-dessus tome I, p. 63.

Henri (de); — dont un député envoyé vers Louis XI, en 1469.

D'or à un cœur de gueules chargé des chiffres de Jésus à l'antique d'or, le chef d'azur, chargé d'un lion léopardé d'argent.

Devise : *Dedit illi nomen quod est super omne nomen.*

Carré de Busserolle, p. 468.

Henri, — du Champ, — de la Moinerie, — du Buisson; — dont un sénéchal et lieutenant-général de Saumur en 1696.

D'argent à trois roses de gueules, posées deux et une au chef d'azur chargé de trois étoiles d'argent.

Mss. 439. — D'Hozier, mss., p. 159.

Henriet.

D'azur à un croissant d'argent accosté de deux épées d'or.

D'Hozier, mss., p. 952.

Henzé.

D'argent à une guêtre d'arme de sable éperonnée d'or.

Sceau.

Herault; — dont François, conseiller du roi en la sénéchaussée de Saumur en 1700.

D'azur à une croix endantée d'or.

D'Hozier, mss., p. 1004. — V. Erreau. — du Tronchay.

Herbault.

De gueules à trois bandes d'or.

D'Hozier, mss., p. 996.

Herbereau.

D'azur à une croix pattée d'argent chargée d'un croissant de gueules et cantonnée de quatre étoiles d'argent.

D'Hozier, mss., p. 732.

Herbereau de la Cheze, — des Cheminaux, — de Beauvais, — des Rousses.

Parti au premier d'azur à une demi-croix de Malte, mouvante de la partition soutenue d'un demi-croissant aussi mouvant de la partition, le tout d'or, accompagné de deux étoiles de même rangées en chef, et parti d'argent à un écureuil rampant de gueules, qui est Fouquet.

D'Hozier, mss., p. 580. — Le même, p. 529, dit : *de gueules à un griffon d'or :* — Audouys, mss. 994, p. 90, dit : *écartelé* au lieu de *parti.* — D'Hozier, mss., p. 915, donne aux Herbereau des Chemineaux les armes suivantes :

D'or à une fasce échiquetée d'argent et d'azur de trois traits.

Perrine Herbereau, veuve d'Antoine Boursault, sieur du Plessis au XVIIe siècle, portait :

Parti d'azur à une bisce d'or, parti d'or à un arbre arraché de sinople au chef d'azur chargé d'une aigle éployée d'or sur le tout.

Mss. 993, brevet signé d'Hozier.

Herbeviller.

D'azur à la croix d'argent cantonnée de seize fleurs de lis d'or.
Gencien, mss. 996, p. 43.

Herbiers (des) de Rollande.

D'or parti d'azur à la bande de gueules brochante sur le tout.
Gohory, mss. 972, p. 118. — Audouys, mss. 994, p. 90. —
Gencien, mss. 996, p. 42.

Herbiers (des) d'Ardelais, — du Pineau, — de Lestanduère, — de Saint-Paul, — du Chesne, — de la Baillière, — de la Poupardière, — de Vauvert; — dont Geoffroy, mort en 1136 en Terre Sainte ; Charles, chevalier de Saint-Louis ; un major général et commandant la marine à Rochefort en 1789 ; plusieurs chevaliers de Malte.

D'or à trois fasces de gueules.
Audouys, mss. 994, p. 93. — Le mss. 703 intervertit les émaux.

Herbiers (des).
V. du Bois.

Hercé (de) de Rubenard.

D'azur à trois herses d'or ou d'argent posées deux et une.
Mss. 993. — Sceau. — D'Hozier, mss., pp. 400, 404. — V. du Bailleul.

Hericot ; — dont Jean, curé de Fougeré en 1700.

De sinople à un pal d'or écartelé d'or à une fasce de sinople.
D'Hozier, mss., p. 1511.

Herigné (d').
V. Artaud. — Thiery. — Érigné.

Herisson ou **Hericzon** du Plessis-Buret, — des Estoyères, — du Bois-Josse; — dont Pierre, capitaine au château de Sablé en 1422; et Robin, lieutenant en la sénéchaussée d'Anjou en 1496.

D'argent à trois hérissons de sable.

Gencien, mss. 996, p. 45. — Audouys, mss. 994, p. 92. — — Mss. 995, p. 103.

Hermitage (de l').

V. Neau.

Hernault; — dont plusieurs imprimeurs des XVIᵉ, XVIIᵉ et XVIIIᵉ siècles, à Angers et à Saumur.

Antoine, en 1604, a pour marque dans un ovale, un personnage en adoration devant le soleil, accosté à senestre d'un caducée et pour devise : *Si scrutamini scripturas;* et aussi deux rochers au milieu desquels sort des flots un épi avec la devise : *Flectitur non mergitur undis.*

Herpinnière (de la).

V. de Racapé.

Herre (de).

V. de Haire.

Herreau de la Petite-Orchère.

D'argent à la bande de gueules accompagnée de deux étoiles de même.

Généalogie des Herreau de Montjean. — Mss. 993. — V. Ayrault. — Errault.

Hersé (de).

V. d'Appellevoisin. — de Hercé.

Hervault des Aunez ou Aunais.

D'azur à un étendard d'argent chargé d'une croix de gueules attachée à un bâton d'argent posé en pal et lié en pointe d'un ruban d'or, accompagné en chef d'un soleil aussi d'or et en pointe de deux coquilles de même.

D'Hozier, mss., p. 540.

Hervé.

Fascé d'argent et de gueules de six pièces.

D'Hozier, mss., p. 1013. — V. Harvé. — Hevré.

Hervé de la Poitevinière.

D'or à un lion passant de gueules.

D'Hozier, mss., p. 980.

Hêtres (des).

V. Ayrault.

Heullin de la Rocherie.

D'azur à trois roses d'argent posées deux et une.

D'Hozier, mss., p. 894.

Heurtault ou Hurtault (de).

V. de Saint-Offange.

Heurtaut (Mathieu), curé de Saint-André de la Marche, mort en 1732.

De sable à un calice d'or environné de deux palmes d'argent.

D'Hozier, mss., p. 329.

Heurtevent (de).

D'argent à trois chevrons de gueules.

Gaignières, Armorial mss., p. 12. — Roger, mss. 995, p. 19. — Gencien, mss. 996, p. 45. — Mss. 995, p. 109. — Audouys, mss. 994, p. 92. — Gohory, mss. 972, p. 74.

Hevré.

D'azur à deux fasces d'argent.

D'Hozier, mss., p. 1203. — V. Hervé et Harvé.

Hillerin (de) de la Grignonnière, — de Bois-Tissandeau, — de Brossy, — de la Fremondière, — de la Guérinnière, — de Linnière; — dont plusieurs maîtres d'hôtels du roi; des chevaliers de Saint-Michel et de Malte.

De gueules à trois quintefeuilles d'argent.

Sculpt. xviiie siècle, église de Rablay. — Pierre, écartelait ses armes de celles d'Angleterre, par concession du 3 mars 1659, du roi Jacques II.

Hillier (du).

V. Mabille.

Himbert, fondateur du prieuré de la Papillaye.

D'azur au sautoir losangé d'or, accompagné de quatre aigles éployées de même.

Ballain, mss. 867, p. 312, d'après une statue du xviiie siècle, à l'église de la Papillaye.

Hire (de).

V. de Mondragon.

Hiret de la Hée, — de la Margottière.

De gueules au cavalier armé d'argent, accompagné de trois trèfles d'or rangés en chef et de trois hermines posées une en chaque flanc de l'écu et la troisième en pointe.

Audouys, mss. 994, p. 93.

Hiret de Beaumont, — de Brissarthe, — de Miré.

D'azur à la fasce d'argent accompagnée de sept billettes d'or ; quatre en chef et trois en pointe.

Audouys, mss. 994, p. 92. — Le même, p. 90, Roger, mss. 995, p. 9, ajoutent les armes de Sales, aussi de Beaumont et de Miré.

D'argent à trois clous de sable posés deux et un.

V. de Sales.

Hiron ; — dont Jacques, conseiller du roi, procureur au grenier à sel de Saint-Florent-le-Vieil ; Pierre-Alexandre, élu en l'élection d'Angers ; Charles, lieutenant de connétablie en 1783, procureur du roi à Beaupréau puis juge d'instruction à Angers ; et Charles, conseiller à la Cour d'Angers, chevalier de la Légion d'honneur, 1880.

D'argent à trois fasces d'azur.

D'Hozier, mss., p. 940. — Jacques Hiron ou Hyron est inscrit comme ayant porté : *D'azur à deux lions affrontés d'or* (Armorial général, mss., p. 877). D. P.

Hirondelle (de l').
V. Binet.

Hoche (de la).
V. de Savonnières.

Hocquedé de Lesglorière, — de Launay, — de la Jouannière, — de la Pesassière.

De gueules au chevron d'or accompagné de trois coquilles de même.

Audouys, mss., 994, p. 93. — Mss. 993.

Hodon (de) de la Gruellerie, — de Vauloger, — de Rouveau, — de Launay-Briant.

De gueules à trois fuseaux de quenouilles ou fuseaux d'argent rangés en fasce.

La branche de Rouveau place : *les fuseaux deux en chef et un en pointe pour servir de brisure.*

Mss. 439. — Audouys, mss. 994, p. 93.

Hoges (de).

V. Poyet. — de Fontenailles.

Hollande (de).

D'or au lion de gueules.

Mss. 995, p. 56.

Hommais (de l').

V. Cadu..

Hommeau (de l') de la Parerie, — de la Biguerie, — de Villemoisan, — de Launay.

D'argent au chevron écimé d'azur par un chef de gueules chargé de trois croissants montants d'argent.

Gencien, mss. 996, p. 47. — Audouys, mss. 994, p. 101. — Le même, p. 109. — Roger, p. 14, et Gaignières, p. 24, disent : *le chevron d'or.* — V. Hullin.

Hommeaux (des) de Lestang, — du Brossay, — du Bois-Girard, — de la Saicherie, — de la Roche-Maillard, — de la Bretonnerie, — de la Gebourdière, — de la Bruderie, — des Barilleries, — de Beaumont, — de la Chaisne, — des Jarriais, — d'Aubance, — de la Guignonnière, — de la Renouardière, — de la Poitevinnière, — de l'Espronnière, — de la Mouessonière, — de la Haute-Brosse, — de Perrochère, — de Montillers ; — dont Pierre, conseiller au Parlement de Bretagne.

De sable fretté d'argent.

Audouys, mss. 994, p. 94. — Mss. 703. — V. Boucault.

Hommes (d').

De gueules à une bande d'argent.

Audouys, mss. 994, p. 95.

Hommes (des) du Lys, — de Sensiers, — de la Galicherie.

De sable à trois pals de gueules accompagnés de cinq étoiles d'argent posées deux entre chaque pal et une en flanc de l'écu.

Audouys, mss. 994, p. 93.

Hommes (des).

V. de la Haye. — de Malmouche. — de Villiers.

Hongrie (de).

Fascé d'argent et de gueules de huit pièces.

Mss. 995, p. 55.

Houdan (de) des Landes, — de Chisseaux, — de Moulin-Fort, — de Vrigny, — de la Chervière, — d'Estilly, — de Cravant, — de Varennes, — de la Chaume, — de la Bataillerie.

D'or à la bande d'azur chargée de trois macles d'or couchées en bande.

Carré de Busserolle. p. 475. — On trouve encore : *D'argent à une fasce de sinople, écartelé de sinople à une fasce d'argent.*

Houdemont.

D'argent à trois cors de chasse de sable.

D'Hozier, mss., p. 1206.

D'argent à une bande de sable.

D'Hozier, mss., p. 1218.

Houdon (de).

D'argent à une fasce de sinople, écartelé de sinople à une fasce d'argent.

D'Hozier, mss., p. 1521.

Houëcourt (de).

D'azur à un lambel de trois pendants de gueules et à une bande d'or brochant sur le tout.

Gencien, mss. 996, p. 43.

Houllières (de et d') de la Jupellière, — des Ifs, — de Villemangé, — de Bignon, — de la Lande, — de Maisoncelle, — de Marthou, — de la Besserie, — de la Richardière, — de Boubarreau; — dont Louis, maire d'Angers en 1790 et député à l'Assemblée législative et à la Convention nationale.

De sable à la croix pattée et alaisée d'or.

Sceau. — Audouys, mss. 994, p. 90. — Mss. 993. — D'Hozier, mss., p. 1696, donne : *la croix pattée et alaisée d'argent.*

Houmeaux (des) de la Renaudière.

D'argent fretté de sable.

Sceau.

Houmois (de l').

V. de Biars.

Houssaie (de la).

V. de Jourdan. — Andrieux. — de Meguyon. — Binet. — de Brie-Serrant.

Houssaie-Heurtaud (de la).

V. de Saint-Offange.

Houssais (des).

V. de Scepeaux.

Houssardière (de la).

V. Blandin. — Oger. — Girault.

Houssay (du) des Grands et Petits Pontereaux, — des Barres.

D'azur à trois lions d'argent, armés, lampassés et couronnés de gueules.

Audouys, mss. 994, p. 94. — Gencien. mss. 996, p. 42.

Houssay (du).

V. de Scepeaux. — de Cormeray. — de Fleurville. — Bellanger. — Amyot.

Houssaye (de la).

V. Guesdon. — Baudin. — Rouxeau. — de Saint-Offange. — de la Saussaye. — de Meguyon. — Thoaynon. — de Pontoise. — de Cambout. — de Pierres.

Housse.

D'argent au chef échiqueté d'or et d'azur de trois traits.

Gencien, mss. 996, p. 43.

Housserie (de la).

V. de Quinemont.

Houssemen (de) ; — dont Nicolas, écrivain, docteur-régent à la Faculté de Médecine d'Angers en 1506.

Houssin.

D'argent à une housse de cheval de gueules.

D'Hozier, mss., p. 1263.

Houx (du).

V. Colasseau. — Le Houx.

Huault du Puy, — de Bussy, — de Vaire ; — dont un président au grand Conseil ; un intendant du Poitou ; des chevaliers de Malte.

D'or à la fasce d'azur chargée de trois molettes d'éperon d'or, accompagnées de trois coquilles de gueules posées deux et une.

Carré de Busserolle, p. 476.

Hubaudière (de la).

V. de Moncelet.

Hubert.

De sinople à trois lions d'argent.

D'Hozier, mss., p. 937.

De gueules à une aigle d'argent.

D'Hozier, mss., p. 1211. — N... Hubert, protonotaire apostolique à Saumur, portait :

De... à la fasce de... accompagnée de deux sautoirs de...

Sceau de 1713. — V. Bled-Nouveau.

Hubert de Lasse, — de la Rochefordière ; — dont trois conseillers au Parlement de Bretagne depuis 1632.

D'azur à l'aigle éployée d'or, à la fasce de gueules sur le tout chargée de trois roses aussi d'or.

Audouys, mss. 994, p. 92.

Hubert de Villoutreys, — du Bas-Plessis.

D'argent au chien de sable.
Audouys, mss. 994, p. 94.

Huchedé.

D'or à trois huchets de sable.
D'Hozier, mss., p. 876.

Huchelonnière (de la).

V. du Pont.

Hudault.

Vairé d'argent et de gueules.
D'Hozier, mss., p. 1014.

Hudemont.

Fascé d'or et de sable de six pièces.
D'Hozier, mss., p. 1202.

Hue de Miroménil (Thomas), intendant de Touraine, 1689-1702.

D'argent à trois hures de sanglier de sable.
Carré de Busserolle, p. 479.

Hue du Plessis.

Écartelé aux un et quatre d'argent à la croix engrelée de gueules, chargée de cinq coquilles d'azur ; aux deux et trois d'argent à la fasce de gueules bandée de deux bandes et demie d'or.
D'or au lion coupé de gueules et de sinople.

Mss. 993. — Gohory, mss. 972, p. 122, donne à un de la Hue :
D'azur à l'aigle éployée d'argent parée de gueules.

Huet.

D'or à cinq tourteaux de sable posés en sautoir.

D'Hozier, mss., p. 952.

De sable à une bande d'or, écartelé d'or à une fasce de sable.

D'Hozier, mss., p. 1524. — Pierre Huet, prieur de Beauvau en 1690 portait, d'après d'Hozier, mss., p. 304 :

D'azur à un chevron d'or accompagné en pointe d'un lion de même et un chef de gueules chargé de deux étoiles d'or.

Hugues du Rocher.

De gueules à trois écussons d'or.

Armorial mss. de 1608, p. 30. — Roger, mss. 995, p. 16. — Gaignières, Armorial mss., p. 25. — Audouys, mss. 994, p. 92.

Huguet.

Échiqueté d'or et de gueules.

D'Hozier, mss., p. 1004.

D'azur à une bande d'argent.

D'Hozier, mss. p. 1009.

Huguet de Chataux ; — dont un général, officier de la Légion d'honneur, qui avait épousé la fille du maréchal, duc de Bellune, et fut tué à la bataille de Montereau en 1814 ; Ambroise, magistrat, chevalier de Saint-Grégoire-le-Grand ; Arthur, secrétaire général de préfecture ; un receveur des finances, chevalier de la Légion d'honneur.

D'or au casque taré de profil avec ses lambrequins de sable, accompagné de trois étoiles d'azur, deux en flanc et une en pointe, soutenu d'une champagne de gueules.

Devise : *Nobile pro patriâ mori.*

Supports : *Deux lions.*

D. P.

Huillé.

Fascé émanché de huit pièces d'or et d'azur.

Audouys, mss. 994, p. 95. — Gencien, mss. 996, p. 42.

Huillé (de) ou Villiers de L'Auberdière.

D'argent à la bande de gueules et une rose de même en pointe.

Roger, mss. 995, p. 12. — On trouve aussi, *accompagné d'une rose en chef...*

Hulin de la Selle, — de Saint-Amadour, — de la Forest, — de la Chabossière, — de la Guilletière, — de la Poissonnière, — de la Fresnaye, — de la Chapelle-Hulin, — de la Hulinnière, — de la Maillardière, — de la Coudre, — de l'Hommeau ; — dont Pierre, savant mathématicien, au XVIIIe siècle.

De gueules à deux bandes ou cotices d'argent bordées de sable, posées en bandes accompagnées de six besans ou annelets d'argent, trois en chef et trois en pointe suivant les cotices.

Gohory, mss, 972, p. 88. — Roger, mss. 995 p. 13. — Audouys, mss. 994, p. 90. — Mss. 439. — Gencien, mss. 996, p. 45. — Mss. 995, p. 96. — D'Hozier, mss., pp. 72, 75, 82, 345, 442, 426, 574, 552. — Le même, p. 120, dit : *chaque besan chargé d'un tourteau de gueules...* La branche de la Fresnaye ne porte que : *trois besans d'argent en bande...*

Hulinnière (de la).

V. Hulin. — Leviston.

Hully (d').

V. de Sousson.

Hulot de Collart, — de Coucy, — des Vaux ; — dont Antoine-Bernardin, théologien écrivain, 1712 ; Jean, directeur des villes d'Arches et de Charleville, 1741 ; Jacques,

maréchal de camp en 1815 ; Jean, lieutenant-colonel, directeur d'artillerie à la Martinique.

Écartelé aux un et quatre d'or, à la fasce de gueules, chargée de trois roses d'argent, qui est de Collart ancien ; aux deux et trois d'argent, à trois fusées et deux demies de sable, au chef de même, qui est de Sainte-Marthe ; sur le tout : parti au premier d'or, à la fasce crénelée et abaissée de gueules, sommée d'une hulotte de sable allumée aussi de gueules, tenant de la patte dextre une épée d'argent montée d'or, et accompagnée en pointe d'une bombe d'azur, qui est de Hulot ; au deuxième d'azur, à l'aigle éployée d'or, au vol abaissé, qui est de Collart.

Annales hist., p. 129. D. P.

Hunaud.

V. Hunault.

Hunaudière (de la).

V. Courtin. — de la Roë.

Hunauldaye (de la).

V. de Tournemine.

Hunauld ou Hunault de la Thibaudière, — de la Touche, — de la Chevalerie, — de Marcillé ; — dont Magdelon, maire d'Angers en 1592 ; et Pierre, docteur-régent de la Faculté de Médecine d'Angers, conseiller, médecin ordinaire du roi en 1698.

D'argent à quatre fasces de gueules.

Mss. 703. — Mss. 439. — Armorial mss. de Dumesnil, p. 16. — Gencien, mss. 996, p. 6. — Mss. 995, p. 122. — Audouys, mss. 994, p. 92, et d'Hozier, mss., p. 574, disent : *Fascé d'or et de gueules de huit pièces...* Le même, p. 873, donne : *D'or à une bande vivrée d'azur...* et p. 429 : *De gueules à quatre fasces d'argent.* — Gohory, mss. 972, p. 44, dit : *Burelé d'argent et d'azur.*

V. de la Chevalerie. — de la Thibaudière.

Hunne (de la) du Morier, — de Lande-Ronde, — de Vaulberger, — de la Pervigue, — de la Roche-Andebœuf, — de la Haie-Gaudière, — de Gonfoulloux.

D'argent à deux chevrons de sable accompagnés de trois coquilles de gueules, deux en chef et une en pointe.

(D. P., par M. de Farcy). — Audouys, mss. 994, p. 94. — V. Roussard.

Hurault.

D'or à deux hures de sanglier de sable posées en pal.

D'Hozier, mss., p. 1271.

D'or à un ours de sable.

D'Hozier, mss., p. 1000.

Hurault de Vilbraye, — de Cheverny, — de Saint-Denis ; — dont Philippe et Benoît, abbés de Bourgueil, avant 1539 ; et Florimont, grand maître enquêteur et général réformateur des eaux et forêts de l'Anjou en 1671 ; deux abbés de Saint-Nicolas d'Angers, Philippe, en 1539 et Raoul, en 1572.

D'or à une croix d'azur cantonnée de quatre soleils de gueules.
Sceaux.

Hurelière (de la).

V. Jacquelot.

Hurtaudière (de la).

De sable à deux chevrons de gueules.

(Peinture-portrait, XVIIᵉ siècle). — V. de Bréon.

Hurtaut (de).

V. de Saint-Offange.

Hurtevent (de).

V. de Heurtevent

Hussaudière (de la).

V. Bernard.

Husselaie (de la).

V. de Bourdonnaye.

Hyron.

V. Hiron.

I

Igné (d'), v. Chivré.

Igny (d').

Burelé d'argent et de gueules.

Gencien, mss. 996, p. 43. — V. Le Prey.

Ile (de l'), v. Poitevin. — de Madaillan. — de Masseilles. — Desmé. — de Lille. — Druillet.

Ile-Adam (de l'), v. de Villiers.

Ile-Baraton (de l'), v. Baraton.

Ile-Bouchard (de l'), de Cinq-Mars, — de Veretz, — d'Azay-le-Rideau.

D'azur au léopard d'argent.

Mss. 995, p. 60. — Busserolle et Gohory, mss. 972, p, 121, disent : *De gueules à deux léopards d'or.* — V. Douay.

Ile-Briand (de l'), v. d'Andigné.

Ile-Chalan (de l'), v. Bonfils.

Ile-de-Chavigny (de l'), v. de Madaillan.

Ile-Rouhet (de l'), v. de la Beraudière.

Ile-Tizon (de l'), v. de Lentivy.

Illé (d'), v. du Chastelet.

Illiers (d') de Chantemesle, — de la Fourerie, — de Ménard, — de Beauseron ; — dont un évêque de Chartres en 1431, ambassadeur sous Charles VII et Louis XII; Florentin, capitaine de Chartres, 1427.

D'or à six annelets de gueules, posés trois, deux et un.

Gohory, mss. 972, p. 118. — P. Anselme, p. 419. — Audouys, mss. 994, p. 100. — Sculpt. 1497, église de Duneau (Sarthe). — Gencien, mss. 996, p. 42. — V. de Daillon.

Illy (d'), v. de Vaudetar.

Infeuille (d').

De sable à deux léopards d'or l'un sur l'autre.

Gencien, mss. 996, p. 35.

Ingrandes (d').

D'argent à la fasce de gueules accompagnée de trois trèfles de sinople, deux en chef et un en pointe.

Carré de Busserolle. — Un dessin de Gaignières à Oxford, 1, p. 229, d'après le tombeau d'Hamelin, fondateur de Chaloché, au XIIᵉ siècle, dit : *D'or à cinq fasces crénelées de gueules chargées d'un croissant montant d'argent.* — V. Percault. — de la Roë. — de Craon. — des Escotays. — du Breuil. — Héliand. — de Chantocé.

Ingrande (d') de Colin, — du Parc.

Bandé d'argent et d'azur à la bordure de onze merlettes de sable [ou de gueules].

Audouys, mss. 994, p. 98. — Mss. 703.

Ingrande (d') de la Motte-Cormenant, — de Saint-Jean-des-Mauvrets (maison fondue en celle de Châteaubriand).

De gueules coticé de huit pièces.

Audouys, mss. 994, p. 99. — Gencien, mss. 996, p. 42, dit :

D'or à deux fasces d'azur et neuf merlettes de gueules, posées quatre, trois et deux.

M. de Busserolle ajoute aussi : *de gueules fretté d'or.*

Ingrande (la ville d').

D'argent à un pal de sinople, écartelé de gueules à un pal d'argent.

D'Hozier, mss., p. 1507.

Le Corps des officiers du pesage et mesurage à sel d'Ingrandes ; transféré à la pointe de Russébourg.

D'azur à trois fleurs de lis d'or posées deux et une.

D'Hozier, mss., p. 791.

La Compagnie du grenier à sel d'Ingrandes :

D'azur à trois fleurs de lis d'or posées deux et une.

D'Hozier, mss., p. 747.

Iré (d') de la Roche-d'Iré.

D'argent semé de fleurs de lis de gueules au lion de même, armé, lampassé et couronné d'or.

Audouys, mss. 994, p. 67. — Gencien, mss. 996, p. 33, d'après le Cartulaire de la Primaudière, près Pouancé, 1218, dit : *le lion couronné d'azur.* — V. de la Roche.

Ireland de Bazoges.

Fascé de gueules et d'argent de quatre pièces, le chef d'argent chargé de trois étoiles d'azur.

Sceau.

Isembardière (de l'), v. de la Bahoullière.

Isernai (d'), v. de Boissy.

Isle (de l'), v. Druillet. — de l'Ile. — de Clérembault.

Isoré d'Hervault (Mathieu), archevêque de Tours, 1694-1716.

D'argent à deux fasces d'azur.

Supports : *Deux sauvages au naturel.*

Cimier : *Une tête humaine au naturel couronnée d'une couronne royale d'or.*

Carré de Busserolle, p. 484.

Issay (d'), v. Bigot.

Issoncourt (d').

De sable à deux léopards d'or l'un sur l'autre.

Gencien, mss. 996, p. 43.

Iville (d'), v. Goujon.

Ivoy (d'), v. Rabaut.

Ivray (d'), v. de Chivré.

Ivry (d'), v. Dauvet.

Izé (d'), v. du Bois.

J

Jacob de Tigné, — du Puigirault, — de Saint-Hilaire, des Grottes ; — dont Pierre, commandeur de l'île Bouchard, 1768.

D'azur au chevron d'or accompagné de trois roses d'argent posées deux et une.

Sceau. Sculpt. Église de Saint-Hilaire, xviiie siècle.

D'azur au chevron d'or ou d'argent accompagné de trois quinte-feuilles d'or, boutonnées d'azur, le chef cousu de gueules à la croix d'argent.

Sceau.

Jacopière (de la), v. Bodard. — de la Flèchère.

Jacquelot de Motte, — de la Roche, — des Grignons, — des Besnardières, — du Plessis-Brezot, — de la Rouau-dière ; — dont plusieurs conseillers aux Parlements de Bretagne et de Paris, depuis 1553.

D'azur au chevron d'argent accompagné en chef de deux mains ou gantelets de même et en pointe d'un chien lévrier assis de même accolé de gueules et bouclé d'or.

Mss. 703. — Audouys, mss. 994, p. 97. — D'Hozier, mss., pp. 143, 238. — Le même, p. 350, dit : *chevron d'or.*

Jacquereau Gabriel, chanoine de l'Église d'Angers en 1698.

D'azur à une colombe d'argent becquée et onglée de gueules tenant en son bec un rameau d'olivier de sinople et un chef cousu de sable chargé d'une croix de Malte d'argent.

D'Hozier, mss., p. 582.

Jacques de la Borde, — de la Hurelière.

D'argent à trois têtes de Maure de sable tortillées d'or posées deux et une.

Audouys, mss. 994, p. 98. — D'Hozier, mss., p. 732, dit : *d'azur à trois têtes humaines d'or...* et le mss. 439 dit aussi :

D'azur à deux têtes de profil d'argent bandées d'azur.

Jaille (de la) de Chalain, — de la Tour Saint-Gelain.

De gueules au léopard passant d'argent.

Gaignières, Armorial mss., p. 10. — Roger, mss. 995, p. 8. — Audouys, mss. 994, p. 97. — Mss. 995, p. 104.

Jaille (de la) de Durtal, — de Mathefelon, — de la Jaille-Yvon, — de Saint-Mars-la-Jaille. — du Mar, — de Maillé.

D'or au lion léopardé de gueules et cinq coquilles d'azur en orle.

Gaignières, Armorial mss., p. 5. — Gencien, mss. 996, p. 45, d'après le Cartulaire de la Primaudière, 1208. — Mss. 995, p. 59. — Audouys, mss. 994, p. 97. — Mss. 703. — Ménage, p. 418. — Le mss. 993 dit : *écartelé aux un et quatre*, comme ci-dessus ; *au deuxième d'argent à six annelets d'azur ; au troisième de gueules à six écussons d'or posés trois, deux, un*, qui est de Mathefelon. — Roger, mss. 995, p. 3, dit : *six coquilles d'argent au premier canton...* — Le mss., 993, d'après une sculpture du tombeau des seigneurs de la Jaille et de Durtal : *écartelait au premier*, comme ci-dessus ; *au deuxième d'argent à quatre fasces d'azur à la bande d'or brochant sur le tout ; au troisième d'argent à cinq annelets d'azur posés deux, un et deux ; au quatrième de gueules à six écussons d'or posés trois et trois ; sur le tout de gueules à la bande d'or.*

Jaille (de la) de la Roche-Talbot, — de la Tuaudière, — de Genetay, — de la Lorie, — de la Chevallerie, — d'Avrilly ou Avrillé, — du Chastelet, — de la Chesnaye, — de Pruillé, — de la Roche-Ramée ; — dont Bertrand, chambellan du roi de Sicile, capitaine de Loudun en 1459 ; Pierre, grand sénéchal de Provence ; Isabeau, abbesse du Ronceray ; et René, chevalier de Malte en 1599 ; Jean, abbé de Chaloché † 1521.

D'or à la bande fuselée de gueules.

Cimier : *Un lion issant d'or.*

Supports : *Deux lions de même.*

Audouys, mss. 994, p. 97. — Roger, mss. 995, p. 7. — Mss. 995, p. 104. — Mss. 703. — Le mss. 995, p. 75, Gencien, mss. 996, p. 45, Gohory, mss. 972, p. 104 et Gaignières, Armorial mss., p. 5, disent : *d'argent* au lieu *d'or*... Un ancien sceau porte en outre : *une bordure de sable chargée de huit besans d'or.*

Jaille (de la), v. d'Avoine. — Bariller. — Labbé. — de Juigné. — de la Porte. — Bourré. — de Saint-Offange.

Jaille-Yvon (de la), v. du Tertre.

Jaillière (de la), v. Le Bel.

Jalaucourt.

De gueules à l'aigle d'or, à la bande d'argent chargée de trois tours crénelées de sable (de deux pièces et demie) brochant sur le tout.

Gencien, mss. 996, p. 43.

Jalesne (de) de Maillé, — de Bunesche, — de Gilbourg, — de la Tourlandry ; — dont Jacques, chevalier de Malte en 1615.

D'argent à trois roses de gueules boutonnées d'or.

Gohory, mss. 972, p. 73. — Roger, mss. 995, p. 19. — Audouys, mss. 994, p. 97. — Gencien, mss. 996, p. 45. — Mss. 995, p. 85.

Jallais (de), v. de Cierzay. — Piedoüault.

Jallange (de la), v. Lefebvre.

Jallet de la Veroullière, — des Plantes.

D'argent à un coq de gueules accompagné d'un tourteau de sable chargé d'une étoile d'or posée au canton senestre du chef.

D'Hozier, mss., p. 572. — Mss. 993. — de Soland, 1862, p. 109. — Audouys, mss. 994, p. 98, dit : *d'azur au coq d'or à l'étoile de gueules* et supprime *le tourteau de sable...*

Jallon de la Motte.

D'argent à la fasce de gueules chargée de trois besans d'or posés deux et un.

Mss. 995, p. 120.

Jamberville (de), v. Le Forestier.

Jamelot de Rouillon, — de la Roussardière, — de Barreau, — de Malvoisine, — de la Turpinnière, — de la Brunettière.

D'azur à cinq pals d'or au chef cousu de gueules, chargé d'une tête de licorne d'or.

Gohory, mss. 972, p. 28. — Ménage, p. 387. — Roger, mss. 995. — Audouys, mss. 994, p. 98. — Gencien, mss. 996, p. 46. — Mss. 995, p. 116. — Dom Housseau, mss. de la Biblioth. Nationale.

Jameray (de).

D'azur au lion d'argent accompagné de trois trèfles d'or, deux en chef et un en pointe.

D'Hozier, mss., pp. 154, 511, 579.

Jameron des Fontenelles.

De... à deux cœurs de... accolés, le cœur dextre percé d'une flèche.

De... au lion de...

Sceaux, xviii° siècle. — D'Hozier, mss., p. 1269, donne :

De gueules à une flèche d'argent mise en barre.

Jameron du Cerisier.

De gueules à trois croix pattées d'argent.

Audouys, mss. 994, p. 100. — Armorial mss. de Dumesnil, p. 16. — D'Hozier, mss., p. 509.

Jamet.

Échiqueté d'or et de sable.

D'Hozier, mss., p. 1213.

Jamin ; — dont Étienne, curé de Montigné en 1698.

De sable à deux étoiles d'or en chef et une croix alaisée de même en pointe.

D'Hozier, mss., p. 327.

Jamin ; — dont Mathurin, curé du Rossay, mort en 1702.

De sable à une gerbe d'or surmontée d'un croissant de même et accostée de six trèfles d'argent posés en pal, trois de chaque côté.

D'Hozier, mss., p. 329.

Jamineau de la Coudraie.

De gueules au lion d'argent surmonté de deux tourterelles de même rangées en chef.

Mss. 439. — D'Hozier, mss., p. 322.

Jancien, v. Gencien.

Janneau.

D'argent à deux chevrons de gueules.

D'Hozier, mss., p. 1129.

Janneteau.

De gueules à un griffon d'or et une bande d'azur brochant sur le tout.

D'Hozier, mss., p. 1024.

Janvier de la Motte; — dont Élie, conseiller à la Cour d'Appel d'Angers, 1828, député du Tarn-et-Garonne en 1869; et Louis, député de Maine-et-Loire en 1879.

D'azur à un vol d'argent.
Sceau.

Janvière (de la), v. du Bois de la Ferronnière.

Jardins (des), v. Ayrault.

Jardrin.

D'argent à une bande de sable cotoyée de deux cotices de même.
D'Hozier, mss., p. 918.

Jarier (du), v. Vassé.

Jarillaie (de la), v. Aubert. — de l'Espinay.

Jarnac (de), v. Chabot.

Jaroussaye (de la), v. de la Tulaye.

Jarray de Saint-Loup.

De sable semé de fleurs de lis d'argent à un lion d'or.
D. P.

Jarret de la Mairie, — du Boulay, — des Roches, — de la Tressoullière, — de la Roullerie., — des Terres-Noires, — de la Vilaine, — du Baril, — d'Albœuf.

D'argent à la hure de sanglier de sable, la gueule bordée de gueules et défendue d'argent.

Audouys, mss. 994, p. 98. — Mss. 439. — D'Hozier, mss., pp. 161, 309, 425. — D'Hozier, dit : *éclairée et arrachée de gueules et défendue d'argent.* — Le même, p. 1200, donne aux Jarret du Boulay les armes suivantes :

D'argent à deux loups de gueules passant l'un sur l'autre.

Jarriaie (de la), v. Bellanger.

Jarriais (des), v. des Hommeaux.

Jarrie (de la), v. Belin. — du Plessis. — Joubert. — de Gazeau. — Erreau. — de Safray.

Jarry.

De sinople à un cygne d'argent.

D'Hozier, mss., p. 892.

De gueules à trois fasces d'or.

D'Hozier, mss., p. 1209.

Échiqueté d'or et d'azur.

Gaignières, Armorial, mss., p. 8. — César de Grand-Pré. — Gencien, mss. 996, p. 42. — Audouys, mss. 994, p. 97.

Jarry de Saint-Loup, — de Mené, — de Maupertuis.

De sable semé de fleurs de lis d'argent au lion d'or armé et lampassé de gueules.

Gohory, mss. 972, p. 82. — Roger, mss. 995, p. 12. — Mss. 995, p. 109. — Ménage, pp 131, 132. — Audouys, mss. 994, p. 98, et Gencien, mss. 996, p. 46, ajoutent pour les Jarry de Vrigny : *chargé sur l'épaule d'un cœur de gueules, à l'escarboucle monté d'or.* — Audouys cite une « note de M. de Hauteville, » blasonnant :

D'azur à trois fasces ondées d'or.

Jarry de la Brossinière (à Châteaugontier).

Avant 1815 :

D'azur au chevron d'or accompagné en chef de deux étoiles et en pointe d'une montagne, le tout de même.

Depuis 1815 ils portent :

D'azur au chevron brisé d'argent une épée de même en pal la pointe en haut, accompagnée en chef de deux chat-huants aussi d'argent.

Sceaux.

Jarzé (de).

De gueules à une aigle d'or.

Ménage, Histoire de Sablé, p. 159. — Audouys, mss. 994, p. 98. — V. de Montplacé. — de Foucault. — de la Frenaye. — du Plessis-Bourré. — de Sablé.

Jarzé (de) de Millé, — des Loges, — des Varennes.

D'azur à trois jars d'or, deux en chef et un en pointe.

Mss. 439. — Audouys, mss. 994, p. 98. — D'Hozier, mss., pp. 102, 511. — Gencien, mss. 996, p. 42, dit : *les jars d'argent.*

Jarzé (de) de la Roche-Piau.

De gueules au massacre de cerf et deux croissants montants d'argent en chef l'un sur l'autre entre les branches.

Roger, mss. 995, p. 12.

Jarzé (Le Chapitre de l'église paroissiale de) fondé le 9 mars 1500, par Jean Bourré.

De sable à une croix d'argent.

D'Hozier, mss., p. 316.

Jasnières (des), v. du Boul.

Jassault (de) ou de Jasseaud de la Morlière.

D'azur au croissant montant d'argent, au chef cousu de gueules, chargé de trois étoiles d'or.

Audouys, mss. 994, p. 98.

Jau (du).

Fascé ondé d'or et d'azur de six pièces.

Mss. 703. — Audouys, mss. 994, p. 98. — V. du Fay. — Breslay.

Jau (le fief du) relevant de Milly-le-Meugeon.

D'argent à une montagne de sinople sommée d'un coq de sable, crété, becqué, barbé et onglé de gueules, tenant de son pied dextre levé une flèche d'azur posée en pal la pointe en bas.

D'Hozier, mss., p. 747,

Jaudette (de la), v. Caillau.

Jaugé (de) v. de Serpillon.

Jaulny.

D'argent à trois chevrons de gueules à la bordure engrelée d'or.

Gencien, mss. 996, p. 43.

Jaunai.

D'azur à deux canards d'argent, nageant sur une mer ondée de sinople en pointe et surmontée de cinq étoiles d'argent, posées trois et deux.

Sceau.

Jaunière (de la), v. de Cleez.

Jaux (de) ou Saux ou Caux de Jouäne.

D'azur au lion d'or armé et lampassé de gueules.
Mss. 995 , p. 61.

Javary ; — dont Bonaventure , chanoine de Saint-Maurice, 1705, auteur d'un *Pouillé*, manuscrit.

D'azur à trois croix potencées d'or.
D'Hozier, mss., p. 963.

Javary de la Cour.

D'azur à un chevron d'argent accompagné en chef de deux étoiles de même et en pointe d'un massacre de cerf d'or.
D'Hozier, mss., pp. 605 , 612.

Javeteau.

D'argent à une fasce de sable accompagnée de trois molettes de même.
D'Hozier, mss., p. 1129.

Jay-Jau (du), v. du Fay.

Jean-Marie (Chouteau, dit R. P.) abbé de Belle-fontaine, 1880.

Parti au premier d'argent au cœur de gueules couronné d'épines et surmonté d'une croix de sable ; parti au deuxième comme l'abbaye.
Devise : *Dilectione firmaberis*.
Sceau.

Jenessay (de), v. Le Clerc.

Jerusalem (de).

D'argent à la croix potencée d'or, cantonnée de quatre croisettes de même.
V. Armoiries des Comtes d'Anjou.

Joannis (de) de la Brienne ; — dont Daniel, écrivain, directeur des Arts-et-Métiers d'Angers en 1849.

D'argent à trois épis de blé de sinople sur une terrasse de même.

Supports : *Deux lions affrontés de gueules.*

Sceau.

Jobardière (de la), v. Baudry.

Jobellerie (de la), v. Bled-Nouveau.

Jolivet (Pierre), curé de Saint-Laurent-de-la-Plaine en 1698.

D'azur à une étoile d'or en chef, deux trèfles d'argent au flanc et un cœur d'or enflammé de même en pointe.

D'Hozier, mss., p. 514.

Jollivet des Mauvrets.

D'azur à un dextrochère d'or mouvant du bas du flanc senestre tenant une flèche en pal de même la pointe en haut au chef cousu de sable chargé d'une étoile d'or.

D'Hozier, mss., p. 520.

Jolly.

D'or à un lion lampassé de gueules.

D'Hozier, mss., p. 1136. — Claude Jolly, curé en 1698, portait .

D'argent à une couronne d'épines de sinople, une croix d'azur brochant sur le tout chargée en son milieu d'un cœur d'or qui est surchargé d'un nom de Jésus de sable et cantonné aux un et quatre d'un C de sable ; au second d'un I, et au troisième d'un P de même.

D'Hozier, mss., p. 325.

Jominière (de la), v. Avril.

Joncheray (du), v. Mauxion. — Bernard.

Joncheraye (de la), v. Desirard.

Jonchères (de) de la Perrière, — du Lion-d'Angers, — de la Mauvinnière, — de la Touche, — de Quatre-Barbes, — de Ramefort, — de la Generie, — de la Tremblaye.

De France ancien qui est : d'azur semé de fleurs de lis d'or, au bras de lion d'or, arraché posé en fasce.

Roger, mss. 995, p. 5. — Audouys, mss. 995, pp. 78, 98, 133. — Gencien, mss. 996, p. 45. — Mss. 703. — V. Saget. — Pillot. — Thomas. — D'Orvaulx.

Jont (du), v. Goureau.

Joret.

De gueules à un sautoir d'argent.

D'Hozier, mss., p. 947.

Jorreau (de), v. du Laurens. — Belot.

Josnay.

D'azur à une fasce d'argent chargée de trois aigles de sable.

D'Hozier, mss., p. 1035.

Jouachim (de) de Petit-Jean, — de Linières-Bouton, — des Ormeaux, — de la Boutardière.

D'argent à un bourdon d'azur posé en pal.

D'Hozier, mss., pp. 297, 314. — Gohory, mss. 972, pp. 35, 97. — Roger, mss. 995, p. 9, — Audouys, mss. 994, p. 133. — Mss. 439 et 703. — Gencien, mss. 996, p. 56. — Mss. d'Orléans. — Armorial mss. de Dumesnil, p. 17. — Mss. 995, p. 119. — Gaignières, Armorial mss., p. 70.

Jouanneaux.

D'azur à un chevron d'or chargé d'un croissant de gueules.

D'Hozier, mss, p. 973.

Jouanière (de la).

D'azur à la fasce engrelée d'or accompagnée de trois roses d'argent, deux en chef et une en pointe.

Audouys, mss. 994, p. 100. — Roger, mss. 995, p. 15. — V. Goderon. — Hocquedé.

Joubardière (de la), v. de la Saugère. — Cholet. — de Cadelac.

Joubert.

Losangé d'or et de sable.

D'Hozier, mss., p. 1130.

D'azur à une bande d'argent accostée de deux croissants de même.

D'Hozier, mss., p. 1130.

D'argent à une croix de sable chargée de cinq étoiles d'or.

D'Hozier, mss., p. 1131.

D'argent à un écusson de gueules en cœur chargé d'un anneau d'or.

D'Hozier, mss., p. 1341.

De gueules à trois tours d'or maçonnées de sable.

Sceau.

Joubert de la Jarrye ou Jarrerie, — de la Rivière, — de Montigné, — de la Batardière ou de la Boutardière, — de Lauvillonnière.

Écartelé aux un et quatre d'azur au pin d'or ; aux deux et trois d'argent à trois bandes de sable.

Mss. 439. — Audouys, mss. 994, p. 99. — D'Hozier, p. 327, donne pour armes aux Joubert de Montigné et de Louvillonnière seulement le premier quartier ci-dessus.

Joubert de Montfaucon.

De... à un lion couronné de... accosté à senestre d'une croix de patriarche.

Épitaphe de 1768, église Saint-Jean, de Montfaucon.

Joubert des Arsonnières.

D'azur à deux fers de lance d'argent, un en chef et l'autre en pointe au franc quartier de gueules, chargé d'une aigle éployée d'or.

Audouys, mss. 994, p. 100. — Mss. 439.

Joue (de la), v. Bouju.

Joué (de), v. de Sanglier.

Jouet de la Saullaye, — de Piedouault ou Pied-Hault; — dont Gabriel, maire d'Angers de 1623-1625.

D'azur à deux jouets ou guidons adossés, passés en sautoir d'or accompagnés en chef d'une étoile et en pointe d'une coquille Saint-Michel de même.

Armorial mss. de Dumesnil, p. 16. — Audouys, mss. 994, p. 98. — Mss. 439. — D'Hozier, mss., p. 135. — Mss. 993. — Gencien, mss. 996, p. 7. — Gohory, mss. 972, p. 160, dit : *les étoiles et la coquille d'argent* au lieu *d'or*... — D'Hozier, mss., p. 893, donne à la branche de la Saullaye les armes suivantes :

D'azur à trois étoiles d'argent posées deux et une.

Jouin de Sacé.

De gueules à trois chevrons d'argent.

Audouys, mss. 994, p. 97.

Jouin de la Bonne, — du Breil.

D'argent au chevron de sable ou d'azur accompagné en chef de deux étoiles de gueules et en pointe d'un porc-épic de sable.

D. P. — Sceau.

Joulain de la Brunetière.

D'hermines à trois chevrons de gueules.

D'Hozier, mss., p. 518. — V. Jouslain. — Joullain.

Joulain (Alexandre), curé de Denezé en 1696 et curé des Forges en 1704-1726.

D'argent à un cœur de gueules percé d'une flèche d'or en fasce et surmonté d'une couronne d'épines de sinople.

D'Hozier, mss., p. 609. — V. Jouslain. — Joullain.

Joullain.

De sinople à une perle d'argent.

D'Hozier, mss., p. 1258. — V. Joulain. — Jouslain. — de la Haye. — Chaperon.

Jouralem (de), v. Grudé.

Jourdan de Flée.

D'azur à une étoile d'or et un chef de même chargé de trois trèfles de sinople.

D'Hozier, mss., p. 951.

Jourdan (de) de la Houssaie, — de la Berthelotière, — de Fline ou de Fleins ; — dont François, maire d'Angers, 1707-1710 ; François, petit-fils du précédent, guillotiné en 1793.

D'argent à la fasce de gueules accompagnée de trois roses de même, deux en chef et une en pointe, que D'Hozier, mss., p. 920 donne aussi aux de Jourdan de Flée.

Mss. 703. — Audouys, mss. 994. p. 99. — De Soland, 1862, p. 101. — Mss. 993. — Le Jéton municipal de François porte au revers des armoiries, comme allusion à son attitude pendant la disette : *Dispersit dedit pauperibus. — Horrea publica.*

Jourdrie (de la), v. Marquis.

Jourlière (de la), v. Huau.

Jousbert (de) du Landreau, — de Rochetemer, — des Herbiers, — des Brises, — des Enfrins, — de la Barrette, — du Plessis-Tesselin ; — dont René-Julien, chevalier de Saint-Louis, capitaine au régiment du roi Infanterie, major-général de la noblesse Poitevine en 1758 ; René-Louis-Marie, capitaine au régiment Royal-Bourgogne cavalerie, mort dans l'émigration ; Eugène-Marie, chef-d'escadron de cuirassiers, chevalier de la Légion d'honneur

D'azur à trois molettes d'argent.

Beauchet-Filleau, familles de l'ancien Poitou, tome II, p. 272. — Sceau. — Vitraux et sculpture de l'église de Beaufort.

Jouslain.

De gueules à un chevron d'argent accompagné de trois roses d'or.

D'Hozier, mss., p. 996. — **V.** Jousselin. — Joulain. — Joullain.

Joussaye (de la), v. Thomas.

Jousse de Cornillé. — v. Jousses.

Jousseaume (de) de la Bretêche, — de Launay, — de Tiffauge, — du Courboureau, — de Sazé, — de Coulombier, — du Coudray ; — dont Esprit, lieutenant-général des armées du roi, gouverneur de Poitiers et de Hombourg, 1698 ; et Armand, général vendéen, conseiller général en 1821.

De gueules à trois croix pattées d'argent posées deux et une, à la bordure d'hermines.

Support : *Deux lions.*

D'Hozier, mss., pp. 321, 322, 299, donne aux Jousseaume de la Coussaie : *De gueules à un chevron d'argent accompagné de trois croix pattées de même, deux et une.* — Audouys, mss. 994, p. 99. — Mss. 439. — Hist. de Malte.

Jousseaume de la Roye.

D'argent à un pal d'azur écartelé d'azur à une barre d'argent.
D'Hozier, mss. p. 1512.

Jousseaume (de) du Plessis-Macé.

De gueules à un fretté d'or.
Audouys, mss. 994, p. 97. — Gencien, mss. 996, pp. 45, 78.

Jousselin.

De gueules à trois fasces ondées d'or.
D'Hozier, mss., p. 1141.

D'azur à trois glands d'or posés deux et un.
D'Hozier, mss., p. 1009. — V. Jouslain. — Nepveu.

Jousselin (de) de la Roche, — de la Gaucherie, — des Briettières ; — dont Louis, chevalier de Saint-Louis, guillotiné en 1794.

D'argent à un lion passant d'or.
D'Hozier, mss., p. 597. — Un sceau, dit : *Un lion passant de gueules...*

Jousselin des Longs-Champs.

D'argent à trois têtes de loup de sable arrachées de gueules et lampassées de même.
Audouys, mss. 994, p. 99. — Mss. 993.

Jousselinière (de la), v. de Saint-Offange. — du Verdier. — d'Aubigné. — Pissonnet.

Jousseran de Londigny.

D'argent à l'aigle de sable.
Mss. 995, p. 54.

Jousserie (de la), v. du Bois-Béranger.

Jousses de Cornillé, — de Villeguiers, — de Bonnevau.

D'azur au chevron d'or accompagné de trois étoiles d'or, deux en chef et une en pointe.

Audouys, mss. 994, p. 98. — Gencien, mss. 996, p. 46.— Gaignières, Armorial mss., p. 28. — Gohory, mss. 972, p. 18. — Roger, mss. 995. p. 14. — D'Hozier, mss., p. 293, et le mss. 439, disent : *le chevron d'argent...*

Jouvardenne (de), v. Garnier.

Jouvencelière (de la), v. Binel.

Jouxey.

De sable au lion d'or armé et lampassé de gueules à la bordure d'or.

Gencien, mss. 996, p. 43.

Jouy (de).

D'azur à une roue d'or.

Mss. 993. — V. Rouillé. — de Bragelonne.

Joybert (de) de la Garenne, — de Narcé.

D'argent au chevron d'azur surmonté d'un croissant de gueules et accompagné de trois roses de même.

Sceau.

Joyère (de la) de Trelazé, — de Beaurepaire, — de Maulny, — de la Guérinière.

De gueules à une tour d'or donjonnée de trois tourelles de même maçonnées de sable, accompagnées en chef de deux étoiles d'argent.

Ménage, p. 321. — Mss. 439. — Armorial mss. de Dumesnil, p. 16. — D'Hozier, mss., pp. 137, 580. — Le même, p. 118, donne à la branche de Maulny : *la tour d'argent donjonnée de trois tourelles de même* ; et pp. 505, 506 : *les étoiles d'or.* — Audouys, mss. 994, p. 97, dit : *l'écu d'azur* au lieu *de gueules.*

Joyère (de la).

De gueules au lion d'or cantonné de trois étoiles d'argent, deux en chef et une en pointe.

Mss. 993, « note de M. de Champagné. »

Joyeuse (François de), abbé de Saint-Florent de Saumur, né en 1562, archevêque de Narbonne, près de Toulouse, commandeur du Saint-Esprit, cardinal en 1587, mort en 1615.

Écartelé aux un et quatre sablé d'or et d'azur de six pièces, au chef de gueules, chargé de trois hydres d'or, qui est de Joyeuse ; aux deux et trois d'azur au lion d'argent, à la bordure de gueules chargée de huit fleurs de lis d'or, qui est S. Didier.

Le Père Anselme, éd. de 1728, tome III, p. 839.

Jubaudière (de la), v. Gauches.

Jubert du Theil.

Écartelé aux un et quatre d'azur à la croix alaisée d'or et d'azur ; aux deux et trois d'azur à un roc d'échiquier d'argent accompagné de cinq pointes de flèches de même, trois en chef et deux en pointe.

Armorial mss. de M. de Vauguyon.

Jublains (de), v. des Escotays.

Juchault de la Moricière ; — dont Christophle, général français, ancien ministre, né en 1806, mort en 1865.

D'azur à la fasce d'or accompagnée de trois coquilles d'argent.

Tombeau du général à Saint-Philbert de Grandlieu et monument à la cathédrale de Nantes. — Sceau.

Juette.

D'argent au chevron de gueules cantonné de trois trèfles de même.

Mss. 993.

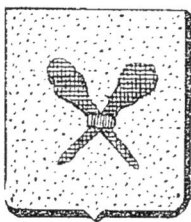

de Gondy

Gontard

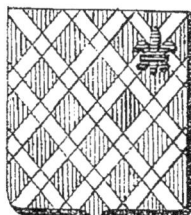

de la Goublaye

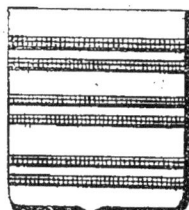

de Gouffier

Gouin

Goupilleau

Goureau

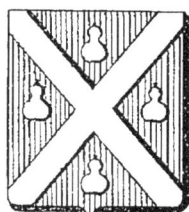

Gouy
(Prieuré)

de Grammont

Grandet

Grandhomme

de la Grandière

Grimaldi

Grimaudet

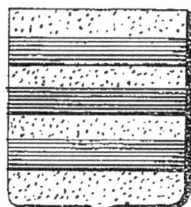

Grognet

Grolleau

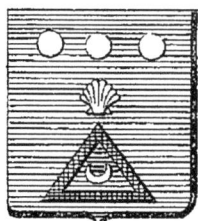

Grosbois

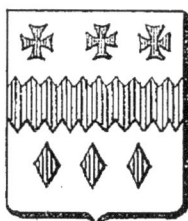

Gueniveau

De la Guerche

Guérin du
Grand Launay

du Guesclin

Guesdon

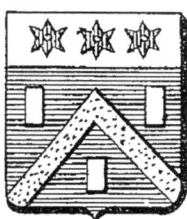

Guilhe la
Comble de Villers

Guillemot de la
Villebiot

Guillot de la
Poterie

Guillotteau
de Grandeffe

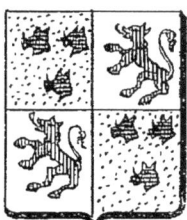

Guyet de la
Rablaye

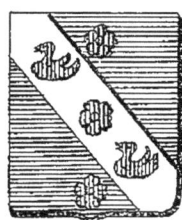

Guyot

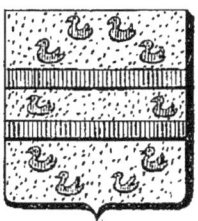

De la Haie
Passavant

De la Haie
de Brissarthe

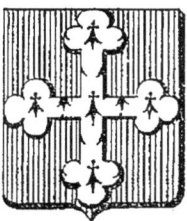

De la Haie
Joulain

De la Haie
Montbaud

PRINCIPALES ABRÉVIATIONS USITÉES DANS L'ARMORIAL

P. Anselme. — La science héraldique, 1675, in–4°. — Histoire généalogique de France, 9 vol. in–fol., 1726.

Armorial mss. de 1608. — Dans le recueil mss. 995 de la Bibliothèque d'Angers.

Audouys, mss. 994. — Armorial du xviii° siècle, mss. 994 de la Bibliothèque d'Angers.

Ballain. — Annales d'Anjou, mss. 867 de la Biblioth. d'Angers.

Beauchet-Filleau. — Dictionnaire général du Poitou, 1849–1854, 2 vol. in–8°.

Bruneau de Tartifume. — Angers, mss. 871, à la Bibl. d'Angers.

Carré de Busserolle. — Armorial de Touraine publié en 1867, in–8°.

Cauvin. — Armorial du Maine, publié en 1843, in–18. — Supplément par M. de Maude, 1860, in–12.

Chevaliers du Saint-Esprit. — Mss. E. 285, au Prytanée militaire.

De Courcy. — Armorial de Bretagne, publié par Potier de Courcy en 1862, 2° édition, 3 vol. in–4°.

D. P. — Note communiquée.

Dumesnil. — Armorial de Dumesnil d'Aussigné, xvii° siècle, dans le recueil mss. 995 à la Bibliothèque d'Angers.

Gaignières. — Armor. mss. de Gaignières, à la Biblioth. nationale.

Gencien. — Armorial (attribué jusqu'ici à Gohory) dressé par Gencien d'Erigné, xviii° siècle, mss. 996 de la Bibl. d'Angers.

D'Hozier mss. — Armorial général officiel dressé de 1696 à 1706, mss. de la Bibliothèque nationale, — généralité de Tours (à moins d'indications contraires).

La Chesnaye-des-Bois. — Dictionn. de la noblesse. édit. de 1869, 15 vol. in–4°.

Lehoreau. — Cérémonial de l'église d'Angers, 1692-1720, mss. à la bibliothèque de l'Evêché d'Angers.

Louvan Geliot. — La vraie et parfaite science des armoiries, in–fol., 1664.

Mss. 14. — Généalogies angevines, 1666, originaux du cabinet des titres, à la Bibliothèque nationale.

Mss. 439. — Maintenue de la noblesse de la généralité de Tours, en 1666, mss. à la Bibliothèque nationale.

Mss. 703. — Arm. mss. d'Anjou du xviii° siècle, Bibl. nationale.

Mss. 972 et 983. — Arm. mss. de Gohory, 1608, Bibl. nationale.

Mss. 993. — Collection de notes héraldiques, recueil de la Bibliothèque d'Angers.

Mss. 995. — Armor. mss. du xvii° siècle, à la Biblioth. d'Angers.

Mss. 999 à 1001. — Armoriaux des chevaliers du Croissant, xvii° siècle, à la Bibliothèque d'Angers.

Mss. d'Orléans. — Armorial d'Anjou, dressé en 1698, mss. à la Bibliothèque d'Orléans.

Ménage. — Histoire de Sablé (première partie), 1683.

C. Port. — Diction. de Maine-et-Loire, 3 vol. in–8° (1869–1878).

Roger, mss. — Rôle des nobles, écrit par B. Roger au xvii° siècle, mss. 995 de la Bibliothèque d'Angers.

Sainte-Marthe. — Histoire généalogique de France, 2 vol. in–fol., 1628.

Sceaux. — Sceaux d'après les empreintes ou les matrices.

Versailles, croisades. — Peintures de la salle des Croisades, palais de Versailles.

OUVRAGES RELATIFS A L'ANJOU ET AU MAINE

MONOGRAPHIE DE NOTRE-DAME DE BEAUFORT, église et paroisse, de l'origine jusqu'à nos jours, par M. Joseph DENAIS. — Un beau vol. in-8°, gravures et plans.
Le même, in-12 de 563 pages, gravures et plans, 4 fr.

HISTOIRE DE L'HOTEL-DIEU DE BEAUFORT (1412-1871), par le même auteur. — In-12 en deux couleurs, 1 fr. 50.

UNE MAISON D'ÉDUCATION PENDANT TROIS SIÈCLES : le collége de Beaufort fondé en 1577, par le même auteur (*pour paraître prochainement*).

LE CHATEAU DE BEAUFORT, ses comtes et ses seigneurs, par le même auteur (*en préparation*).

LE PAPE DES HALLES, RENÉ BENOIST, angevin, évêque de Troyes, surintendant du collége de Navare, conseiller du roi, doyen de la Faculté de Théologie de Paris, confesseur de Marie Stuart et de Henri IV, curé de Saint-Eustache de Paris (1521-1608), par le même auteur. — In-8°, papier vergé de Hollande, portrait sur cuivre du XVII° siècle, 5 fr.

L'ABBAYE DE CHALOCHÉ, au diocèse d'Angers (1119-1790), par le même auteur. — In-8°, papier de Hollande.

JEAN TARIN, angevin, recteur de l'Université de Paris (1580-1666), par le même auteur. — Brochure in-8°, papier de Hollande.

OLIVIER LEVÊQUE ET LA FONDATION DU COLLÉGE DE SABLÉ EN 1602, par le même auteur. — In-8°, papier de Hollande.

LES VICTIMES DE QUIBERON, d'après le manuscrit du général Lemoine, par M. Joseph DENAIS. — In-8°, papier de Hollande, 3 fr.

DAVID D'ANGERS, sa vie, son œuvre, ses écrits et ses contemporains, par M. Henry JOUIN, ouvrage couronné par l'Académie française. — 2 vol grand in-8° richement illustrés. Prix : 50 fr. Sur papier de Hollande, 200 fr.

www.ingramcontent.com/pod-product-compliance
Lightning Source LLC
Chambersburg PA
CBHW070903280326
41934CB00008B/1569